城市轨道交通现代有轨电车运营研究与应用

李向红　何慎之　操予程　编著

西南交通大学出版社
·成都·

图书在版编目（CIP）数据

城市轨道交通现代有轨电车运营研究与应用 / 李向红，何慎之，操予程编著． -- 成都：西南交通大学出版社，2024.10． -- ISBN 978-7-5774-0180-5

Ⅰ．U482.1

中国国家版本馆 CIP 数据核字第 2024KZ9879 号

Chengshi Guidao Jiaotong Xiandai Yougui Dianche Yunying Yanjiu yu Yingyong
城市轨道交通现代有轨电车运营研究与应用

李向红　何慎之　操予程　编著

策 划 编 辑	韩　林
责 任 编 辑	周　杨
助 理 编 辑	卢韵玥
封 面 设 计	GT 工作室
出 版 发 行	西南交通大学出版社 （四川省成都市金牛区二环路北一段 111 号 西南交通大学创新大厦 21 楼）
营销部电话	028-87600564　028-87600533
邮 政 编 码	610031
网　　　址	http://www.xnjdcbs.com
印　　　刷	郫县犀浦印刷厂
成 品 尺 寸	170 mm × 230 mm
印　　　张	11
字　　　数	166 千
版　　　次	2024 年 10 月第 1 版
印　　　次	2024 年 10 月第 1 次
书　　　号	ISBN 978-7-5774-0180-5
定　　　价	66.00 元

图书如有印装质量问题　本社负责退换
版权所有　盗版必究　举报电话：028-87600562

编　　委：徐安雄　刘　婧
主　　编：李向红　何慎之　操予程
副 主 编：杜一鸣　张　勇　钟俊杰　漆鉴锋　廖　恒
参编人员：周传金　严国希　王凌峰　卢佳杰　陈雪英
　　　　　陈　艳　闫　浩　岳福林　李柚均　王连兰
　　　　　周正雄　岳鹏宇　孟林武　张　帆　蒋万宇
　　　　　林　芮　冯卓鹏　雷雨佳　汤　伟　唐铭泽
　　　　　陈丽娟　宋家辉　田　然　何　毅　姜旭基
　　　　　刘应华

习近平总书记曾指出"城市轨道交通是现代大城市交通的发展方向。"以地铁为代表的城市轨道交通曾以高旅速拓展了城市边界,以大运量提升了全要素供给效率,通过推动城市经济体的集聚辐射效能增长,实现了区域经济和核心城市的迅猛发展。现今,党的二十大报告中强调"以城市群、都市圈为依托构建大中小城市协调发展格局",指出城市群、都市圈将成为未来经济增长的主要驱动力和高质量发展的重要动力源,进一步建设城市群、都市圈一体化轨道交通网自应是题中之义。相应而言,因城市群、都市圈的环境多样、需求不同,承担如此多层次差异化任务就需要不同轨道交通制式科学分工、紧密合作,而有轨电车的加速发展必然是促进这一历史进程不可或缺的重要力量。

成都有轨电车蓉 2 号线全线长 39.3 公里,于 2016 年 9 月开工建设,2018 年 12 月首开段运营,2019 年 12 月全线运营,2023 年年度客运量 1 300 余万人次,较好完成了成都市西北部青羊区、金牛区、高新区、郫都区城乡接合部的运输任务。在成都有轨电车的发展历程中,有轨电车开放空间、共用路权和简配设备的特性,为运营带来了侵限事件高发、运行效率受限、设备不稳定等困扰,在克服这些困难的实践过程中,成都有轨电车逐步形成了一套具备"有轨特色"的运营管理模式。本书的初衷就是将这套独特的管理经验和运营模式带给读者,并希望与读者深入探讨和深化实践,共同促进制式的更优发展。

"一代人有一代人的使命",具体到有轨电车的实践中,有人看到的是新制式发展中的困顿,而有人却看到了汹涌暗涛之上那朵微小的浪花。我们应正确认识新事物发展中的曲折性和前进性,持续改进、不断优化,将发展成熟一款低成本高效率的轨道交通制式作为毕生追求的事业,努力在"城市群、都市圈"发展的壮丽篇章中,标绘悦动绚丽的"有轨"音符。

作　者

2024 年 5 月

目 录

第一章　绪　论 …………………………………………………… 001
 第一节　中低运量轨道交通的发展意义 ……………………… 001
 第二节　现代有轨电车发展现状 ……………………………… 002
 第三节　现代有轨电车系统定义 ……………………………… 002
 第四节　现代有轨电车系统优点 ……………………………… 003
 第五节　现代有轨电车系统运营面临的问题 ………………… 004
 第六节　现代有轨电车系统总体要求 ………………………… 005

第二章　有轨电车运营场景 ……………………………………… 010
 第一节　场景编制原则 ………………………………………… 010
 第二节　正常场景 ……………………………………………… 012
 第三节　故障场景 ……………………………………………… 015
 第四节　应急场景 ……………………………………………… 018
 第五节　场景动态管理 ………………………………………… 020

第三章　岗位设置及人员培养 …………………………………… 024
 第一节　有轨电车岗位设置特点 ……………………………… 024
 第二节　运营人员岗位职业发展 ……………………………… 026
 第三节　行车关键专业人员培养要点 ………………………… 027

第四章　线路调试 ………………………………………………… 036
 第一节　单系统调试 …………………………………………… 036
 第二节　多方接口调试 ………………………………………… 050
 第三节　系统联调 ……………………………………………… 053

第五章　规章制度 ………………………………………………… 060
 第一节　编制要求 ……………………………………………… 060
 第二节　制度体系构成 ………………………………………… 062

第三节　主要规章制度简介 …………………………………… 064

第六章　安全与应急

　　第一节　安全管理 ………………………………………………… 069
　　第二节　重点风险防范 …………………………………………… 070
　　第三节　监督检查 ………………………………………………… 076
　　第四节　正线安全 ………………………………………………… 077
　　第五节　应急管理体系 …………………………………………… 081
　　第六节　应急预案 ………………………………………………… 087
　　第七节　应急演练 ………………………………………………… 090

第七章　行车管理

　　第一节　总体要求 ………………………………………………… 092
　　第二节　正线行车组织 …………………………………………… 098
　　第三节　场段行车组织 …………………………………………… 103

第八章　设备维保管理

　　第一节　设备维护管理 …………………………………………… 106
　　第二节　维保风险管控模式 ……………………………………… 110
　　第三节　维保组织管理 …………………………………………… 126

第九章　施工管理

　　第一节　施工管理界面 …………………………………………… 133
　　第二节　施工检修作业分类管理 ………………………………… 135
　　第三节　施工方案管理 …………………………………………… 137
　　第四节　施工组织 ………………………………………………… 139
　　第五节　施工的其他事项 ………………………………………… 140

第十章　客运服务管理

　　第一节　客运服务架构 …………………………………………… 142
　　第二节　客服班组管理 …………………………………………… 149
　　第三节　客服服务流程 …………………………………………… 155

参考文献 ………………………………………………………………… 162

专业术语缩写

1. OCC（Operating Control Center）控制中心
2. EB（Emergency Braking）紧急制动
3. PIS（Passenger Information System）乘客信息系统
4. PA（Public Address）广播系统
5. CCTV（Closed Cricuit Television）视频监控系统
6. TAU（Train Access Unit）车载接入单元
7. DMI（Driver-Machine Interface）车载司机操作显示屏
8. ATP（Automatic Train Protection）列车自动防护系统
9. DCC（Depot Control Center）车辆段控制中心
10. DMS（Dispatch Management System）中心调度管理系统
11. OBS（Onboard System）车载系统
12. CI（Computer Based Interlocking）计算机联锁系统
13. MSS（Maintenance Suport System）维护监测系统
14. OLC（Optimize Level-crossing Control Subsystem）平交路口信号优先系统
15. TIAS（Traffic Control Integrated Automation System）综合调度系统
16. UPS（Uninterruptible Power Supply）不间断电源
17. BCM 信号车载主机
18. I/O（Input/Output）输入/输出
19. PSCADA（Power Supervisory Control And Data Acquistion）电力监控
20. BAS（Building Automation System）环境及设备监控系统
21. FAS（Fire Alarm System）火灾报警系统
22. CLK（Clock）时钟系统
23. TEL（Telephony）电话系统
24. ERM（Event Record Module）数据记录单元
25. DC/DC 直流-直流变换器

26. AFC（Automatic Fare Collection）自动售检票系统
27. P+R（Park And Ride）停车换乘
28. 渠化 通过导流岛与路面标线相结合的方式分隔或控制冲突的车流
29. SDM（System Diagnostic Maintenance）诊断维护工作子系统
30. RRU（Radio Remote Unit）射频拉远单元
31. BBU（Building Base band Unite）室内基带处理单元
32. TCMS（Train Control and Management System）列车控制管理系统

第一章 绪 论

第一节 中低运量轨道交通的发展意义

根据国家《"十四五"现代综合交通运输体系发展规划》要求，要推进城市群和都市圈交通现代化，着重打造轨道上的都市圈，建设都市圈多层次轨道交通网络是综合交通运输体系发展规划的重要任务。都市圈形态是以一核或多核城市为中心，由发达交通网络连接周边城市的中心-边缘形态，在此形态下部分中心城市的郊区和边缘城市存在公共汽车不能满足运输效率和运量需求的情况，地铁又存在运量过大、造价昂贵易浪费的矛盾，中低运量轨道交通正是解决这一矛盾最佳路径。

有轨电车作为中低运量轨道交通的一种制式，已有上百年的发展历史，随着环境变化，其技术与形态也在逐渐变化。从国内的发展实践来看，有轨电车有其优势与短板，优势在于成本较地铁低、客运量及效率较公共汽车高。具体来说，现代有轨电车优势还包括低碳环保、节能高效，采用电力驱动，不会排放废气，是一种无污染的环保交通工具，有助于降低城市污染程度；稳定舒适，运行稳定，振动小，提供良好的乘车体验和舒适度；工程造价相对较低，有轨电车的投资约为地铁的1/3，且建成后的维护和运营成本较低；方便快捷、线路固定、走向明确，不易受交通拥堵影响，提供方便快捷的出行体验。短板在于共用路权导致运行效率较地铁低、开放空间导致安全风险大，在后续发展中，应针对性地改进短板，推进该制式综合效能的进一步提升，使其成为中低运量轨道交通的有力组成部分，从而为都市圈多层次轨道交通网络建设提供有力支持。

第二节　现代有轨电车发展现状

2005 年以后，天津、上海开始了现代有轨电车的建设工作。2007—2009 年期间，天津滨海新区、上海张江高科的有轨电车（均采用的单轨导向、胶轮驱动制式）陆续建成通车，2010 年开始，沈阳、南京、苏州、淮安等大中城市陆续规划建设了现代有轨电车线路，从此以现代有轨电车为代表的中低运量城市轨道交通在国内得到了越来越多的关注，截至 2022 年末，中国内地包括北京、上海、广州、深圳、成都等 24 个城市的现代有轨电车已投入运营，共计 41 条线路，总运营里程 580.702 km，同时超过 10 个城市规划建设了现代有轨电车线路，在建里程约 300 km。

第三节　现代有轨电车系统定义

现代有轨电车系统通常指采用新型低地板、模块化、电力牵引的现代有轨电车车辆，有多种路权方式，以地面线路为主的中低运量的城市轨道交通系统。参照 T/CAMET 00001—2020《城市轨道交通分类》中关于有轨电车系统的定义，从车辆选型、运输能力、最高时速、路权形式、驾驶模式、路口通行、供电模式、敷设方式方面对有轨电车系统进行区分，有轨电车系统主要包含以下特征：

车辆选型：钢轮钢轨车辆或胶轮车辆

运输能力：0.5 万人/h～1.2 万人/h

设计最高速度：60～120 km/h

路权形式：混合或独立

驾驶模式：司机瞭望驾驶

路口通行：平交（一般辅以信号优先）或立交

供电模式：接触网或超级电容供电

敷设方式：地面线为主

现代有轨电车示意图如图 1-1 所示。

图1-1 现代有轨电车

第四节 现代有轨电车系统优点

一、布线灵活，较地铁建设运营成本低

现代有轨电车系统根据规划设计及配置情况，建设成本一般为1.0~1.8亿元/km，建设成本低。有轨电车系统通常情况下配置司机、调度等关键岗位运营人员辅以部分客运人员，正线车站不设置工作人员，人员配置精简，运营成本也仅为地铁线路五分之一。有轨电车系统最小转弯半径为25 m，与铰接式公交车转弯能力相当，相较于地铁线路布线更加灵活，末端接驳能力强。

二、运营准点，较常规公交更稳定迅速

现代有轨电车系统按照列车运行图开展日常运作，相比于常规公交系统列车到站时间更加精准、准点率高，且现代有轨电车系统采用独立轨道，路口设置信号优先，旅行速度20~30 km/h，较常规公交优势明显，乘客乘车体验更加良好。

三、安全节能，较常规公交更环保舒适

现代有轨电车系统沿既定轨道运行，轨迹稳定，较常规公交交通事故发生概率更低；节能环保，乘客的人均每公里能耗仅为小汽车的 1/9、公交车的 1/3，其噪声等级比汽车低 5 dB 左右，采用电能驱动，无直接污染物排放；乘坐舒适，采用 70%～100% 低地板（350 mm）技术，方便乘客（特别是残障人士）上下车，转向架装配减振装置，车内颠簸感小，车辆采用隔音材料，密闭性好，车厢内噪声低，采用视野开阔的大型玻璃窗，车厢通透宽敞。

第五节　现代有轨电车系统运营面临的问题

一、开放运行环境，侵限事件频发

现代有轨电车系统为开放式运行环境，行人横穿轨行区、社会车辆违章通行、接触网或轨行区异物入侵等侵限事件频发，对有轨电车系统安全运行带来极大的外部挑战。

二、司机人工驾驶，服务质量不均衡

现代有轨电车系统采用司机人工驾驶，列车准点率、平稳度、运行图兑现率等指标受司机驾驶个体影响大，乘客体验、服务质量较地铁不够均衡。

三、路口通过效率，制约旅行速度提高

现代有轨电车系统路口通常采用平交形式，与社会车辆交叉通行，路口通过的畅通与否，是制约有轨电车提高旅行速度的关键因素，受社会道路通行流量、信号优先等级及属地政府政策支持多方面因素影响，国内多数有轨电车无法实现所有路口不停车通过，路口停车等待信号开放的情况普遍存在，导致国内有轨电车旅行速度难以进一步提高。

现代有轨电车场景如图 1-2 所示。

图 1-2　现代有轨电车场景

第六节　现代有轨电车系统总体要求

一、运营管理要求

（一）具备完整的运营管理规则

有轨电车系统应制定完整运营管理规则，对其行车调度、司机管理、设备维护等多方面工作进行管理，通过完善的规章制度，规范各岗位作业要求。

（二）具备高素质的运营及维保人员队伍

结合有轨电车系统运行环境复杂、设备冗余度低的情况，为保证有轨电车安全运营，确保为乘客提供持续可靠的运营服务，需要具备高素质的运营及维保人员队伍。

（三）具备与客流特点相匹配的服务水平

充分结合客流预测及实际客流情况，制定合理的运营服务时间及列车开行间隔，保证列车运行能与客流出行规律匹配，提高为乘客服务水平。

（四）具备与社会道路流量匹配的信号配时机制

有轨电车系统采用混合路权模式，通常在路口与社会车辆、行人混行，要充分结合有轨电车通行要求及路口车流量情况，科学设定路口信号优先等级及通行配时，保证社会交通与有轨电车通行连续性。

（五）具备可靠的应急处置能力

有轨电车开放式运行环境导致正线异常事件频发，社会车辆侵入轨行区、接触网异物、线路积水、线路沿线管道泄漏、接触网断线、交通拥堵、人员拦截列车等事件时有发生，对正线运营秩序将造成严重影响，因此有轨电车系统需建立高素质的应急响应队伍，合理设置应急值守点，并科学配置应急响应物资，具备自主快速处置能力。

二、设备功能要求

（一）有轨电车车辆功能要求

现代有轨电车是一种利用电力在轨道上行驶的车辆，一般由车体、牵引制动、转向架等系统组成。

车辆参数应符合 CJ/T 417—2022《低地板有轨电车车辆通用技术条件》规定，完成型式试验、例行试验并提交报告。

应具备远程调取监控视频和列车各系统数据的功能。应考虑冗余能力，确保高压、储能、网络等系统故障时具备动车能力。

（二）有轨电车供电功能要求

有轨电车供电系统宜采用半集中供电方式，变电所由独立可靠的电源供电，沿线各变电所将 10 kV 交流电降压整流为 750 V 直流电供给接触网，同时将 10 kV 电压降压为 400 V 交流电供动力照明系统等设备使用，供电系统能力应满足最小发车间隔的需要，变电所内设备具备中央遥控、遥信、遥测和遥调功能。

(三)有轨电车接触网电功能要求

接触网悬挂形式应充分考虑与城市景观协调,车辆有自带动力源的,在转弯或车流量较大的路口可采用无触网布置形式。接触网系统应满足工程运营开通年、近期及远期的行车要求,安全可靠地向车辆提供电能。悬挂方式力求结构简单稳定、安全可靠,便于日常维修工作。

(四)有轨电车轨道功能要求

有轨电车轨道全线正线及辅助线、出入线、试车线均采用 60R2 型耐磨槽型钢轨,车场线采用 50 kg/m 钢轨。

路基、钢轨、扣件、道岔、车挡或停车警示牌等应符合《城市轨道交通工程项目规范》(GB 55033—2022)的要求。

(五)有轨电车信号功能要求

有轨电车驾驶模式为人工驾驶,在调度中心设置综合调度系统,实现正线道岔控制、列车运行状态监视、列车跟踪、运营计划管理。

有轨电车具有调度中心远程人工操纵、车载自动操纵、车载人工操纵和现场人工操纵功能。车辆基地配置完整的计算机联锁和微机监测设备;平交路口配置列车检测系统,并与智能交通系统接口,实现绝对优先、相对优先、平等通行等控制策略。

(六)有轨电车通信功能要求

有轨电车通信系统是为列车的安全、高效运行提供可靠的通信手段,主要由骨干网、无线网络、电源、乘客综合信息(含广播)、视频监控、电话、办公自动化、时钟、视频会议、门禁等子系统组成。应具备为中心调度人员、司机和维修人员提供通信的手段,为人员提供列车运行、防灾救灾、事故调查以及保证乘客获取列车运行信息的功能。

(七)有轨电车工艺设备功能要求

洗车机应具有能够自动完成整列车表面清洗工作的功能。不落轮镟床应具有车轮轮廓及轮内侧表面的镟修加工功能、轮对内侧距测量功能、轮对廓形测量功能等。移动式架车机应具备架起车辆，便于对转向架等部件进行更换的功能。轮对动态检测系统应具备对轮对外形尺寸自动检测、车轮平轮（擦伤、剥离）自动检测等功能。

三、指标管理要求

运营指标包含运营服务指标和设备指标，有轨电车线路在传统轨道交通运营指标基础上，根据有轨电车的系统特点及运营特点，制定有轨电车运营指标。

运营服务指标主要包含列车运行图兑现率、列车发车正点率、列车服务可靠度、列车退出正线运营故障率、有责投诉率指标，设备指标主要有关键系统（信号、供电、车辆）故障率、客服设施可靠度指标。相关国家及行业标准指标设定及目标值参见表1-1。

表1-1 线路初期运营前、正式运营前的运营指标要求

指标类型	有轨电车试运营基本条件（JT/T 1091—2016）	城市轨道交通运营安全评估标准 第3部分：有轨电车（暂未发布）		城市轨道交通运营管理规范（GB/T 30012—2013）
		初期运营前指标要求	正式运营前指标要求	
列车运行图兑现率	≥95%	≥95%	≥95%	≥99%
列车发车正点率	≥95%	≥95%	≥95%	≥98.5%
列车服务可靠度	不低于1万列公里/次	不低于1万列公里/次	不低于4.5万列公里/次	全部列车总行车里程与发生5 min以上延误次数之比不应低于8万列公里/次
列车退出正线运营故障率	不高于10次/万列公里	不高于10次/万列公里	不高于7次/万列公里	不高于0.4次/万列公里
有责投诉率	—			不超过3件/百万人次
信号系统故障率	不高于0.5次/万列公里	不高于0.5次/万列公里		不高于0.8次/万列公里

续表

指标类型	有轨电车试运营基本条件（JT/T 1091—2016）	城市轨道交通运营安全评估标准 第3部分：有轨电车（暂未发布）		城市轨道交通运营管理规范（GB/T 30012—2013）
		初期运营前指标要求	正式运营前指标要求	
供电系统故障率	不高于0.5次/万列公里	不高于0.5次/万列公里	—	不高于0.16次/万列公里
车辆系统故障率	不高于10次/万列公里	不高于10次/万列公里	—	2 min以上晚点事件次数低于4次/万列公里
非限速情况下旅行速度	不低于20 km/h	不低于20 km/h	—	—
屏蔽门故障率	—	—	—	不高于0.8次/万次
制动扶梯可靠度	—	—	—	≥98.5%
售票机可靠度	—	—	—	≥98%
储值卡充值机可靠度	—	—	—	≥98%
检票闸机可靠度	—	—	—	≥99%

第二章 有轨电车运营场景

第一节　场景编制原则

有轨电车线路具有路权形式多样、运行环境复杂、司机目视人工驾驶等特点，通过规范和完善司机驾驶、运营调度和应急联动等系统流程，共同保障有轨电车系统的安全、高效运行。编制场景文件的目的在于将运营生产流程和需求系统化，从而使各岗位的职责及应急程序中的各项安全措施得以规范执行。

一、运营场景定位

有轨电车线路的生产运转涉及各岗位人员配置、设备设施功能、作业流程及体系规范等各方面。因此，有轨电车运营管理应结合项目具体特点，系统性梳理线路运作规范文件。运营场景针对有轨电车系统运营的全过程进行了全面、准确、详细的描述，体现运营的理念与需求、岗位设置的必要性以及系统设备应实现的功能。场景的编制应遵循行业相关标准，同时基于充分的安全分析，符合有轨电车运行线路的特点。

二、运营场景目标

（一）指导设备功能需求

有轨电车运行系统包含车辆、信号、通信、综合监控和供电等核心系统，系统设备高度满足运营功能需求，是有轨电车线路高质量、高水平运维的核心支撑，重要的是在设计阶段充分结合运营管理部门的意见，使各项设备功能运用到各项运营场景中。

（二）明晰岗位架构体系

运营场景设置的根本作用在于使有轨电车的生产运作、日常维护、应急处置等运营管理流程中涉及的各岗位功能、架构体系进行规范、明确，以保障有轨电车运行线路安全、高效、有序运营，为乘客提供安全、舒适、快捷的运输服务。

三、运营场景编制思路

虽然国内已有很多城市开通有轨电车线路，但各城市的有轨电车运营管理、运维模式均有不同，场景设计缺乏规范和标准，要实现有轨电车线路标准化、系统化运营，场景文件编制思路按照以下几个方面进行梳理。

（1）场景文件编制由轨道交通运营管理单位主导，可以较好契合当地城市的管理模式。

（2）场景文件的编制需要以运营管理架构稳定、管理界面清晰和岗位职责明确作为支撑，还需组织一支有成熟运营组织经验的业务团队对场景进行细致讨论，团队成员应包括调度、客运、乘务、维保、安全管理等专业。

（3）将运营筹备工作前置，在设计阶段即开展充分的场景文件调研工作。可组织设计单位和运营管理单位对各城市有轨电车线路进行调研，加深对运营理念的理解，再组织开展场景的初期研究工作。

（4）运营场景编制须确保运营场景与运营需求相匹配，在场景枚举的过程中，应梳理运营管理流程，按照各种工况下的处置原则和各岗位人员的作业流程，将运营场景进一步凝练并分类。同时随着运营管理单位组织架构和岗位职责逐步明确，有必要分阶段对场景文件进一步深化。

（5）场景文件应包含运营影响和岗位职责，每个场景可按照"场景描述—运营影响—基本流程—影响—处置要求—岗位注意事项"的流程进行描述。

（6）场景文件初稿编制完成后应组织调度、客运、乘务、维保各岗位进行桌面推演及阶段验证，以确保场景设置合理性并逐步修正完成场景文件定稿。

四、运营场景分类

场景的分类宜按照各场景工况下的各岗位工作流程及联动处置情况，细分为正常场景、故障场景、应急场景三个类别，见图2-1。

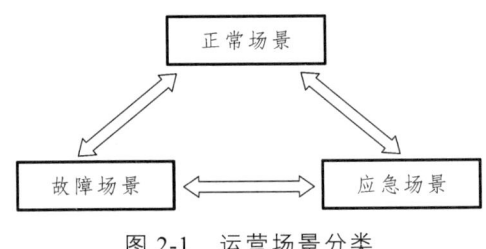

图2-1　运营场景分类

第二节　正常场景

正常场景以时间顺序描述了一整日正常运营所遇到的场景与工作流程，包含运营准备、列车出库、列车正线运行、列车回库、场段调车、车辆检修、运营结束等流程。下面以成都现代有轨电车运营前检查场景进行举例说明，见表2-1，正线驾驶场景见表2-2。

表2-1　运营前检查场景

场景	运营前检查
场景描述	每日施工结束后，各岗位须对场段、正线范围内的车辆、信号、通信、供变电、轨道等行车关键设备状态进行检查，确保设备状态良好，满足行车要求
基本流程	1. 行车调度 （1）根据施工情况控制表检查当晚影响行车的所有施工已销点，线路出清。 （2）检查接触网供电状态。 （3）检查中央信号工作站、定修段联锁设备以确认满足运营条件，含进路和道岔功能、信号优先模式、时刻表装载无误。 （4）确认行车设备、备品齐全、良好。 （5）核对当日列车运行图、中央时钟时间以及列车准备情况。

续表

场景	运营前检查
基本流程	2. 设备调度 （1）核实供电、接触网施工作业是否已全部销点。 （2）检查供电、接触网设备是否带电正常，综合监控系统有无异常告警。 （3）检查 PIS 信息发布是否完整正确。 3. 车场调度 （1）确认天气状况，遇异常情况及时向行调汇报并启动相关预案。 （2）确认无线电手持台电量、功能正常。 （3）确认车场影响行车的施工作业已销点。 （4）核对现车与发车计划相符。 （5）运营前 60 min，向行调提供出车顺序表。 （6）首列车出段前 30 min，向行调汇报运营前准备工作情况。 4. 信号楼值班员 （1）对车场所有道岔进行一次定操、反操测试，测试完毕试排首列车出段进路，进路建立且信号开放后取消进路。 （2）确认无线电手持台电量、功能正常。 （3）核对发车计划无误。 （4）核对本班的出、退勤登记簿正确。 （5）确认行车设备良好。 （6）确认行车设备数量充足。 （7）确认司机出、退勤系统正常。 5. 司机 （1）按规定对列车进行检查。 （2）确认列车车载通信和车厢广播、CCTV 使用功能良好。 （3）确认车载设备正常、铅封良好。 （4）确认车辆设备良好。 （5）出乘前校对时间
注意事项	1. 通过人工操作、状态观察、功能试验等方式确认各行车设备运行正常。 2. 对所有与行车工作相关的设备、程序、备品均应进行检查。 3. 所有检查均应形成记录，并对故障情况进行记录

表 2-2　正线驾驶场景

场景	正线驾驶
场景描述	有轨电车线路采用司机目视人工驾驶模式，由司机自行控制与前车的安全距离，行车调度做好全线列车的间隔控制
基本流程	1. 行车调度 （1）按当日运行图计划组织定修段列车出段及运行，监督停车场列车出段及运行。 （2）监督中央设备运行情况。 （3）监听调度电话及无线调度电台。 （4）根据客流情况及时加开临时旅客列车。 （5）通过CCTV查看正线、车站状况。 （6）按要求标注图表、填写台账（报表）。 2. 车场调度 （1）按照计划或调度命令组织列车出入场。 （2）变更运用车使用情况时提前向行车调度汇报。 3. 司机 （1）严格按信号显示（交警指挥）运行，行车期间必须加强瞭望，并按规定进行列车广播。 （2）遇紧急情况立即采取停车措施，报告行车调度，按行车调度命令执行。 （3）认真监控车辆设备状态、信号显示、道岔开通位置、线路情况、社会车辆及行人状况，确保列车运行安全。 （4）列车到站停稳后开启车门，监督乘客上下列车。 （5）确认发车时间，待乘客乘降作业完毕，关闭车门。 （6）在折返车站按要求完成清客作业。 （7）在折返线按规定位置停车后，进行换端作业。 （8）在到达计划清客站前与行车调度联控，确认回段（场）计划

第三节 故障场景

故障场景一般是指因与行车相关的车辆网络系统内部发生故障，或因外部条件的变化导致系统发生非正常故障，但不直接危及安全的情况。此类场景可包括单个车门故障、牵引逆变器故障、机械制动故障、安全制动故障、紧急制动故障、辅助逆变器故障、高速断路器故障、自动广播故障等。下面以成都现代有轨电车列车定位误差与自动广播、牵引逆变器故障场景进行举例说明，见表2-3和表2-4。

表2-3 列车定位误差与自动广播故障场景

场景	列车定位误差与自动广播故障
场景描述	1. 电车安装测速设备和信标接收天线，在线路沿线设置固定信标，通过速度传感器等测速设备计算列车的相对位置，列车经过地面信标时进行位置校正，实现列车精确定位。 2. 列车定位误差与自动广播故障是指如信号系统故障或列车没有收到运行计划时，全自动广播会播报错误（全自动广播为信号给出的实时指令，当信号系统故障时全自动广播会出错）。 3. 当PIS系统与信号系统通信正常，且信号系统正常工作时，PIS系统能实时接收信号系统通过以太网发来的触发信号、站点信号、开/关门等信号，实现列车预存储数字语音全自动广播
基本流程	1. 列车定位出现误差后导致列车信号显示屏无车次、本站、下一站、列车早晚点信息显示，提前播报到站广播，行调根据运营组织列车设置半自动广播模式，若指令司机操作半自动广播时，司机需到站停稳开门后设置，故障短时间可以由信号专业人员远程重启TAU恢复。 2. 司机根据实际情况进行人工广播提醒乘客。 3. 信号专业人员检查车载计划是否完整，远程重启TAU或指令司机重启车载主机，根据实际情况申请列车下线。 4. 行车调度通知信号专业人员，及时跟进故障处置，根据专业人员要求授权司机操作车载设备

续表

场景	列车定位误差与自动广播故障
影响	1. 超级电容未自动转换或提前结束。 2. DMI 提示列车冒进信号（定位不准造成）或在非限速区域造成信号 EB。 3. 列车广播提前播放或错误播放。
处置要求	1. 司机向行调汇报相关信息，若未自动转换则手动转换超级电容；若提前结束则采用惰行通过路口，不能通过路口时手动切换超级电容通过。 2. 若在非限速区域出现信号 EB 则按照"ATP 模式下产生制动"处置。 3. 广播提前播放或错误播放，人工广播终止错误广播，向行调汇报相关信息，到站停稳后重新设置广播，认真监听广播
注意事项	1. 运行过程中加强监听广播异常及定位情况，广播未播报时司机及时人工介入。 2. 设置半自动广播前须确认人工广播未使用（两端人工广播按钮灯熄灭）。 3. 设置半自动广播时须到站停稳开门后设置（后续每站均须正常开关门）。 4. 选择线路时，注意对应上下行选择相应线路

表 2-4 牵引逆变器故障

场景	牵引逆变器故障
场景描述	1. 每列电车有两个动车转向架，每个动车转向架对角安装了两个牵引电机，每个电机由牵引逆变器控制，牵引逆变器输出功率至牵引电机，驱动电机转动，带动车轮转动，从而驱使电车前进或后退。 2. 牵引逆变器故障指，如牵引逆变器内部板卡故障导致无法输出信号，或电机内部温度超过阈值触发牵引逆变器保护机制，导致牵引逆变器故障无法驱动电机

续表

场景	牵引逆变器故障
基本流程	1. 列车牵引逆变器故障后导致列车一个或多个牵引电机失去动力，列车司机显示屏显示牵引逆变器显红故障状态，列车自动限速，行调根据运营组织列车维持运行、就近站处理或现场立即处理。 2. 司机根据实际情况及行调命令进行处置，检查具体故障现象并按故障处理指南操作。 3. 车辆驻站人员登车检查故障情况，协助司机进行故障处置，根据实际情况申请列车下线。 4. 行车调度通知车辆专业人员，及时跟进故障处置，根据专业人员要求授权司机操作设备。
影响	1. 列车限速。 2. 列车失去部分动力。 3. 列车无法运行
处置要求	1. 司机向行调汇报相关信息，仔细区分故障现象，判断故障原因是否为牵引逆变器本身故障（排除无高压输入导致的牵引逆变器伴随故障）。 2. 操作"牵引复位"前须降弓确认列车无高压，或未投入超级电容。 3. 大复位操作前应确保【应急牵引】【应急供电】旁路开关恢复，大复位完成后在高压投入（升弓或投入超级电容）1 min 后进行牵引操作才有效
注意事项	1. 须区分高速断路器故障与牵引逆变器故障，当高速断路器因故障或其他原因断开后，列车无高压输入，此时会伴随有牵引逆变器故障。 2. 牵引逆变器有输出的前提条件为满足程序设置的允许输出的所有条件，当出现牵引无流的故障时，应首先确认是否满足牵引输出的条件

第四节 应急场景

应急场景是指因系统中发生故障或因外部发生突发事件而危及安全并要求立即处置的情况。应急场景有正线行车突发事件（乘客紧急按钮报警、车门夹人夹物、有轨电车与行人/非机动车交通事故、接触网异物、轨行区异物、社会车辆侵入轨行区）、客运突发事件（车内客伤或乘客突发疾病）、火灾突发事件（列车起火冒烟或发生火灾、区间设备起火冒烟、线路或线路周边天然气爆管）等，下面以成都现代有轨电车蓉 2 号线社会车辆闯入轨行区/机动车交通事故场景举例说明，见表 2-5、表 2-6。

表 2-5 社会车辆闯入轨行区/机动车交通事故场景

场景	车辆闯入轨行区/机动车交通事故
场景描述	列车在正线运营过程中，因社会车辆司机操作不当或交通事故等原因导致机动车侵入行车限界，影响电车正常运行，调度指挥中心发布应急抢险事件响应，维保中心立即组织交通事故应急队伍开展交通事故应急处置
基本流程	1. 生产调度接到应急救援通知后，立即通知相应区域交通事故应急救援队前往事故地点进行处置，并联系保险公司开展现场勘查和理赔事项。指定现场交通事故救援负责人，做好现场处置及信息报送。 2. 交通事故应急救援队到达现场后立即设置防护区，及时记录肇事车辆车牌号及车主信息，并设置安全防护员对过往车辆及行人和围观群众进行防护和疏导。 3. 根据现场情况判断无法快速出清轨行区时，现场负责人须立即上报生产调度和 OCC，OCC 调整行车间隔，采取小交路、加开备车等措施，尽可能降低对运营的影响。 4. 应急救援处置期间，郫温定修段信号、通信专业根据需求配合做好信号工作站、综合监控等属地设备操作工作，现场应急队伍确定影响范围及设备情况，以"先通后复"的原则进行处置，先行将社会车辆拖离轨行区恢复正常行车运营。 5. 应急救援处置完毕，由现场负责人向生产调度报告抢修情况、设备恢复情况，以及人员、工器具出清线路等情况，生产调度将设备损坏情况、现场处置情况及时上报

续表

场景	车辆闯入轨行区/机动车交通事故
处置要求	1. 救援时拉开隔离带，防护行人及围观群众人身安全。 2. 救援过程中，操作和移动车辆时，与车辆保持一定的距离，并注意可能发生意外情况的方向。 3. 被救援车辆未熄火前，应与车辆保持安全距离且避免处于车辆正前方。 4. 外部救援车辆或大型器械（如叉车、拖车等）对车辆进行救援时，保持一定的安全距离。 5. 应急救援过程中，如需使用车辆进行拖拽，救援人员严禁处于救援车辆与事故车辆之间，防止事故车辆被拖拽出轨行区后造成人身伤害。 6. 在拖拽车辆过程中，人员应与拖拽绳保持安全距离，防止拖拽绳受力过大后崩断造成人身伤害。 7. 应急救援人员到达现场后，应确定初步救援方案，救援时如需人员靠近车辆，则要求车辆必须熄火，若需依靠车辆自身脱困，在保证人员的安全距离后，方可允许车辆起动。
注意事项	1. 按照"以人为本、先通后复"的原则，优先进行伤员转移救治，同时尽快将非机动车辆出清限界，恢复通行。 2. 抢险人员在开展应急处置过程中，要注意做好自身以及周围人员安全防护，事故现场拉好警示线。 3. 若事故影响较大，需要大量人员配合救援，则由现场负责人向生产调度申请支援，生产调度汇报值班领导后立即组织区域应急抢险队和综合应急抢险队出动配合。

表 2-6 乘客紧急按钮报警场景

场景	乘客紧急按钮报警
场景描述	列车在正线运营过程中，因发生突发事件或误触，乘客通过车厢内的紧急按钮呼叫司机
基本流程	1. 值班主任根据发生事件的类型和可能造成的影响，视情况启动公司突发事件响应。 2. 信息调度按照公司信息报送流程做好信息报送工作。 3. 出现紧急情况时，行车调度做好行车调整，最大程度维持其他区段正常运营。

续表

场景	乘客紧急按钮报警
基本流程	4. 若为误触报警或非紧急情况，则司机做好现场解释工作后维持运行。 5. 若出现紧急情况按照"就地停车，开门疏散，报警自救"的原则进行处置
处置要求	1. 列车在区间时，尽量组织列车进站处理，组织司机通知列车巡查员前往查看处理。 2. 若乘客反映的事情危及安全时，组织列车停车立即处理；若乘客反映的事情不影响安全，原则上应维持列车进站处理。 3. 若在动车前出现乘客按下紧急报警按钮，应通知司机严禁动车、打开车门，组织司机或列车巡查员处理。 4. 若事件危及行车客运安全，司机须立即停车、采取相应措施。 5. 若乘客反映的事情不影响行车由保安组织处理
注意事项	1. 紧急情况下，司机、保安在开展应急处置过程中，要注意做好自身以及周围人员安全防护。 2. 非紧急情况，做好乘客安抚与疏导，维护列车内的正常秩序

第五节 场景动态管理

　　有轨电车线路的运营管理是一个复杂且漫长的过程，不同的运营管理阶段面对不同的运营环境，设备运行的差异性也会呈现出不同的故障现象。运营管理单位在场景文件编制、验证并投入使用后，要及时对运营初期的运营情况进行总结，当发现基于运营实际环境和各类事件预设的场景文件在某些情形下与实际情况有所偏差甚至存在疏漏的情况时，要组织相关部门对场景文件进行补充和修订，场景动态管理流程见图2-2所示。

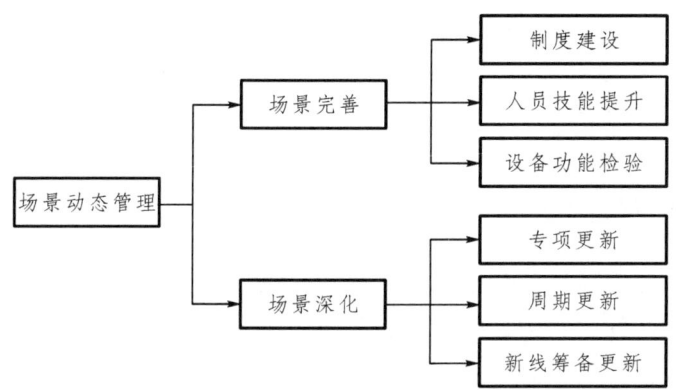

图 2-2　场景动态管理流程

一、场景完善

运营场景文件涵盖设备功能及各岗位应急处置职责，经过开通运营后的验证和不断修订完善，在各岗位人员业务培训、应急演练、设备故障处置、规程修编等方面均有关键的指导作用，后期应持续在场景基础上不断总结提炼，完善各场景应急处置步骤及优化设备功能，提升线路运营水平。

（一）制度建设

在开通试运营前，应在全线围绕车辆、信号、通信、综合监控和供电等核心系统专业开展人员覆盖广、涉及专业全的应急演练，更多聚焦面向于运营人员的设备操作与应急预案，以此为基础搭建各类运营管理制度。

（二）人员技能提升

运营单位应通过场景文件衍生各岗位培训教材、设备操作手册、验收题库、培训教材，定制专属上岗验收标准，对各岗位员工全方面开展培训，使其可以胜任岗位职责。另外，运营单位应在筹备期、运营期根据场景分类组织开展全覆盖演练、双盲演练、多专业联合演练，充分锻炼员工技能，深刻理解并掌握有轨电车运营管理模式。

（三）设备功能检验

主要在筹备阶段、运营阶段及升级改造后，利用模拟设备、实战演练、场段线路等条件，对各项设备功能进行验证性测试，有效推进设备功能完善、缺陷整改，持续研究设备功能优化改造可行性和必要性，完成后将其纳入场景文件修订范畴。

二、场景深化

场景文件的编制一般采用基于既有运营经验的枚举法，在故障场景和应急场景编制的过程中，随着运营环境及设备运行的变化，各系统及各岗位的不断磨合，都可能发生很多预料之外的故障及相应的应急场景。因而，场景文件的完善是一个长期且持续更新的过程。

（一）场景深化原则

（1）场景深化的根本原因通常分为设备功能改造、运营组织模式优化、组织架构调整三个方面，目的在于提升既有的运营管理水平，使得设备功能更加全面、运营组织更加合理、设备运行更加稳定。

（2）场景深化的目的是完善既有运营管理流程以及对应急处置流程的深化。

（3）场景深化应有完整的修订管理及验证流程，运营管理单位应组织调度、维保、客运、乘务等多个板块的业务团队对场景的完善补充进行讨论后再进行深化。

（4）运营期间若系统设备需要进行升级改造，运营管理单位需梳理系统升级可能涉及的场景，并组织对涉及场景的专项验证，确保场景文件的时效性。

（二）场景动态更新机制

1. 专项更新

在既有运营组织模式或应急处置流程发生重大变化，设备升级改造对运营产生较大影响时，应在短时间内完善场景文件动态更新。例如线路运营组织模式由单一交路调整为大小交路套跑时，则应前置补充大小交路场景文件，完善对于小交路行车组织、客运组织、客服设备、人员保障安排等的相关措施，并提前做好人员培训及演练工作。

2. 周期更新

场景文件应充分结合运营经验，宜以年为单位组织各专业人员全面复盘，对场景文件定期动态更新，结合周期内线路的客流变化趋势、行车客运组织经验、应急处置案例、设备升级改造等情况对周期内的运营组织情况开展全面分析复盘，总结出尚未覆盖的运营场景，逐步做到场景文件对于各类运营场景的全面覆盖。

3. 新线筹备更新

运营单位宜在筹备建设前针对本线实际运营需求完成场景文件深化更新及设计，并指导承包商设计建设各个系统，实现系统功能，筹备阶段宜对国内有轨电车线路多加调研，充分总结既有运营经验，取长补短，提升新线筹备质量。

第三章 岗位设置及人员培养

第一节 有轨电车岗位设置特点

基于轨道交通运营管理模式以及有轨电车"人工驾驶、集中调度"的特点，通过业务融合、岗位复合等方式，形成适用有轨电车运行的生产岗位。运营单位组织架构需设置调度、运营、维保等生产单位，同时在不相容职能有效分离的前提下，结合运营单位实际设置相应的职能管理部门，以确保各组织相互协同、相互制约，提高生产效率，强化经营管理。其中，运营人员岗位设置示例如图3-1所示。

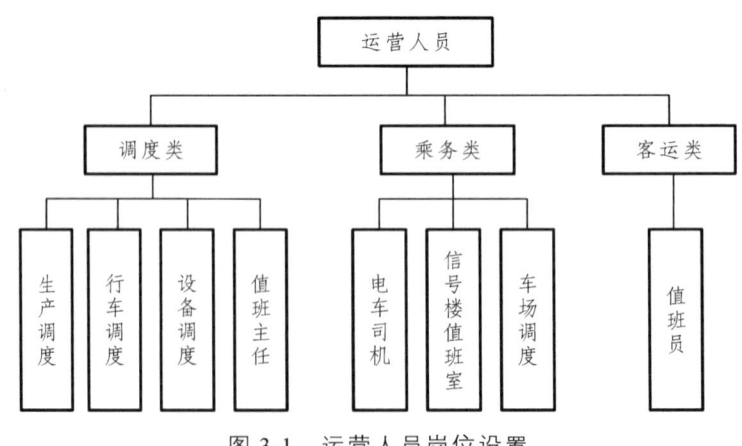

图 3-1 运营人员岗位设置

一、有轨电车线路岗位设置特点

有轨电车运行线路的岗位设置应结合"人工驾驶、集中调度"的特点，在地铁常规线路岗位设置基础上，对调度类业务进行岗位融合，对乘务类岗位进行业务强化，对客运类业务进行岗位优化，维保类业务岗位建议结合线路特点自行组建或委外实施，蓉 2 号线按照全委外模式开展设备维保工作。

（一）调度类差异

结合运营管理单位场段行车管理职责划分，考虑岗位职责要求，将行车调度与车场调度岗位、设备调度与信息调度的岗位进行优化整合，提升人员利用率。

以成都现代有轨电车公司调度岗位设置为例，行车调度整合郫温定修段车场调度相关职责，除了监视列车运行状况、及时准确下达控制命令及开展行车组织工作，还负责施工组织、办理定修段接发列车、调车进路和操作联锁设备；设备调度整合了信息调度相关职责，除了对设备设施故障维修组织的统一指挥，还需负责各类信息的跟进、报送及信息闭环。

（二）乘务类差异

相较于地铁线路，有轨电车线路与社会道路共用路权，列车运行采用全人工驾驶模式，有轨电车运行时对电车司机驾驶技能、安全意识等要求较高。

电车司机岗位需要取得交管部门颁发的有轨电车驾驶 P 证，还需要通过内部上岗鉴定并取得公司颁发的上岗资格证。

（三）客运类差异

有轨电车蓉 2 号线采用车上购票方式，在列车上设置无人售票机完成售票工作，中间车站不办理票务、客服等相关业务，但在客流较大的重点车站可设置相关客运岗位办理票务、客服等相关业务。

二、有轨电车运营人员设置及工作职责

根据工作的业务和职能，一般情况下，有轨电车线路的岗位设置主要分为调度类、乘务类、客运类等。

（一）调度类

调度类岗位包括值班主任、行车调度、设备调度、生产调度等，主要负责该线路行车组织、行车设备管理等。

（二）乘务类

乘务类岗位主要包括电车司机、信号楼值班员、车场调度等岗位，司机主要负责线路列车驾驶及运营保障，车场调度和信号楼值班员负责线路所属场段运作管理等。

（三）客运类

客运类岗位包括值班员岗位，负责该线路车站客运服务及车站应急处置等。

第二节 运营人员岗位职业发展

运营人员岗位的培养必须考虑其职业发展通道，各岗位因构成人员不同，总体强化岗位职业发展管理的引导与激励作用，以员工职业生涯发展通道畅通为方向，搭建科学、合理、清晰的职业发展管理体系。

一、调度类岗位职业发展

建议设置调度员、值班主任2个层级岗位进行管理，如图3-2所示。

图3-2 调度类岗位职业发展

二、乘务类岗位职业发展

乘务类岗位分为车场相关岗位和电车司机。车场建议设置信号楼值班员、车场调度、车场组组长3个层级岗位进行管理，如图3-3所示；电车司机参照技工序列设置学习司机、初级工、中级工、高级工、技师等多个职级进行管理，如图3-4所示。

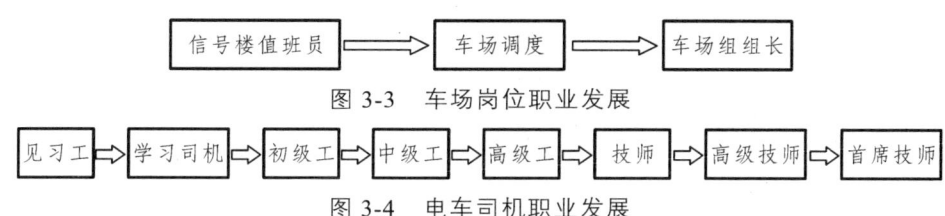

图 3-3 车场岗位职业发展

图 3-4 电车司机职业发展

第三节 行车关键专业人员培养要点

一、行车关键专业人员岗位总体培养建议标准

行车关键专业人员按岗位不同以及人员来源不同设置不同培训科目与培训周期，行车关键专业人员总体培养建议标准见表 3-1。

表 3-1 行车关键专业人员总体培养建议标准

岗位分类	岗位方向	培养建议标准				
		培训主要科目	培训主要方式	培训周期		
				新员工	跨专业	专业内
调度类	值班主任、行车调度、设备调度、生产调度等	行车类、设备类、施工类、调度类、应急类等相关业务知识和技能	理论+实操	≥12个月	≥8个月	≥4个月
	DCC调度	安全类、设备类、行车类、施工类、调度类、应急类等相关业务知识和技能	理论+实操	≥8个月	≥4个月	≥2个月
乘务类	电车司机	安全类、车辆类、信号类、行车类、应急类、驾驶技能类、乘客事务处置等相关业务知识和技能	理论+实操	≥8个月	≥4个月	≥2个月
站务类	值班员	安全类、票务类、客运服务类、应急类等相关业务知识和技能	理论+实操	≥3个月	≥3个月	≥1个月

二、各专业人员培训内容

(一) 调度专业人员培训

1. 培训标准

调度专业标准化培训课程体系应包括安全教育、理论培训、设备实操培训、现场跟岗等,员工培训完毕按照理论考试、设备实操、应急演练等方式进行考证鉴定。

2. 培训科目

有轨电车线路调度人员培训科目应结合实际生产需要和线路特点,主要包括行车类、设备类、施工类、调度类、应急类相关业务知识和技能等内容,调度专业岗位培训内容详见表3-2。

表 3-2 调度专业岗位培训内容

项目	培训重点内容	所需时长	重点培训内容掌握情况
理论培训	三级安全教育	32课时	1. 了解安全生产架构及人员职责。 2. 掌握安全生产情况及安全生产基本知识。 3. 了解从业人员安全生产权利和义务。 4. 了解安全案例
	行车类	3天	1. 了解行车指挥组织原则、行车组织架构和工作模式。 2. 掌握行车调整方法、运营调整时的行车作业、特殊行车作业的相关规定及其应用细节
	施工类	2天	1. 了解施工管理组织机构及职责,熟知行调岗位在施工过程中的工作内容、工作流程和岗位职责。 2. 了解施工调度管理系统常用功能、使用方法及要求、注意事项。 3. 掌握施工分类、施工方案、施工运转流程等施工基础知识。 4. 掌握行调工作中与施工检修人员、维保工班的工作接口和注意事项

续表

项目	培训重点内容	所需时长	重点培训内容掌握情况
理论培训	调度类	2天	1. 掌握本岗位必知必会相关内容。 2. 掌握书面调度命令编写方法及要点,熟悉口头指示的发令方法和注意事项
	信号系统基础（行调学习）	6天	1. 掌握信号系统基本概念、基础知识和常用功能。 2. 掌握信号工作站上各元素、显示内容（如计轴颜色、道岔表示等）的意义,能够通过信号工作站显示进行故障判断。 3. 了解信号工作站设备常用功能、使用方法及要求、注意事项。 4. 掌握行调工作中与车场调度等岗位的工作接口和注意事项
	供电基础知识	1天	1. 掌握线路供电区域划分情况及供电方式。 2. 掌握行调工作中与设备调度等岗位的工作接口和注意事项。 3. 了解供变电相关知识及规定
	车辆基础知识	2天	1. 掌握电车车辆的种类、参数、常用设施设备等基础信息。 2. 掌握常见车辆类故障及对应行调岗位应急处置方法。 3. 掌握行调工作中与乘务、检修调度等岗位的工作接口和注意事项
	综合应急预案、应急管理制度等	1天	1. 掌握公司突发应急事件工作原则和基本思路、突发事件的等级分类、公司的应急体系架构。 2. 掌握公司的预警等级和不同等级下的执行要求、公司应急情况下的信息报送体系和流程
	信息发布基础知识	2天	掌握不同应急情况下行调对于信息了解、通报、记录的重点内容,优先级别,发布技巧

续表

项目	培训重点内容	所需时长	重点培训内容掌握情况
理论培训	安全风险分级管控和隐患排查治理	1天	1. 掌握风险和隐患的概念和分级。 2. 了解公司关于风险辨识和隐患排查的相关规定和基本理念，培养员工主动进行风险辨识和隐患排查的能力。 3. 掌握班组重点安全风险点
应急处置	行车突发事件专项应急预案	1天	掌握各类正线行车突发事件的处置原则和基本流程，为后续细化进行专项预案学习打下基础
	大客流应急预案	1天	1. 掌握各类客运客服突发事件的处置原则和基本流程，为后续细化进行专项预案学习打下基础。 2. 掌握大客流情况下行调的行车组织方法
	列车救援方法	1天	1. 掌握列车救援的条件、线路的救援路径、执行救援的要求。 2. 掌握列车救援的应急处理流程，尝试进行列车紧急制动不缓等涉及列车救援的应急演练
	道岔故障处置方法	1天	1. 掌握道岔故障处置方法，重点掌握授权列车越红灯的时机、前置条件及命令发布。 2. 掌握道岔故障的应急处理流程，尝试进行道岔红闪等涉及道岔故障的应急演练
	接触网故障处置方法	1天	1. 掌握接触网异物、接触网失电、接触网断线等接触网供电故障的处置方法和相关规定。 2. 掌握接触网故障下的应急处理流程，尝试进行接触网异物、接触网失电等涉及接触网故障的应急演练
	自然灾害专项应急预案	1天	1. 掌握地震、冰雪、大雾等自然灾害情况下的行车调整方法和相关规定。 2. 掌握各自然灾害情况下的应急处理流程，尝试进行大雾天气等涉及自然灾害的应急演练

续表

项目	培训重点内容	所需时长	重点培训内容掌握情况
应急处置	汛灾专项应急预案	1天	1. 掌握防汛基本知识和管理办法、汛灾行车调整相关要求。 2. 掌握汛灾情况下的应急处理流程，尝试进行区间进水等涉及汛灾的应急演练
	火灾专项应急预案	1天	1. 掌握列车和站台火灾情况下的应急处置方法和处置要点。 2. 掌握火灾情况下的应急处理流程，尝试进行列车区间火灾、站台火灾等涉及火灾的应急演练
	列车脱轨处置方法	1天	1. 掌握列车脱轨情况下的应急处置方法和处置要点。 2. 掌握列车脱轨情况下的应急处理流程，尝试进行列车脱轨应急演练
	交通事故专项应急预案	1天	1. 细化并熟知发生交通事故情况下的应急处置方法和处置要点。 2. 掌握交通事故情况下的应急处理流程，尝试进行交通事故应急演练
	中央信号工作站故障处置方法	1天	1. 掌握中央信号工作站故障情况下的应急处置方法和处置要点。 2. 掌握中央信号工作站故障情况下的应急处理流程，尝试进行中央信号工作站故障应急演练
	中央通讯中断处置方法	1天	1. 掌握中央通信中断情况下的应急处置方法和处置要点。 2. 掌握中央通信中断情况下的应急处理流程，尝试进行中央通信中断应急演练
	调度专业现场处置方案	5天	1. 掌握前期专项应急预案培训未涉及的其他故障、应急情况的处置流程。 2. 掌握行调处置故障的基本要求和基本理念

续表

项目	培训重点内容	所需时长	重点培训内容掌握情况
跟岗学习	OCC跟岗	12天	熟悉OCC日常运作及相关作业流程执行
	跟岗电车司机、司机队长、车场调度等有工作接口的岗位	8天	1. 掌握电车司机日常作业内容及流程。 2. 掌握电车运行方式、设施设备和驾驶基本知识，并从电车司机的角度学习并掌握电客车常见故障处置流程。 3. 掌握行车调度日常工作与电车司机的接口
		4天	1. 掌握乘务卡控、组长、队长日常作业内容及流程。 2. 掌握乘务卡控、组长、队长在出现常见电客车故障后的处置流程，对能够由乘务班组管理岗位对司机进行协助处置的故障内容和协助处置方式有一定认识。 3. 掌握行车调度日常工作与电客车司机的接口
		8天	1. 掌握车场调度、信号楼值班员日常作业内容及流程。 2. 掌握场段日常运作基础知识，并从车场调度的角度学习并掌握场段常见故障处置流程。 3. 掌握行车调度日常工作与车场调度的接口
师徒带教	调度岗位业务技能学习、行车专项应急演练教学	3个月	详见师徒带教手册

三、乘务专业人员培训

（一）培训标准

乘务专业标准化培训课程体系应包括安全教育、理论培训、实操培训、现场跟岗等，培训课时需同时满足地方《有轨电车驾驶员培训教学大纲》及《城市轨道交通运营与服务第4部分：列车驾驶员作业规范》要求，员工培训完毕按照理论考试、列车驾驶、故障处置等方式进行考证鉴定。

（二）培训科目

有轨电车线路乘务人员培训科目应结合实际生产需要和线路特点，主要包括理论知识、列车驾驶技能、列车整备、列车救援、车辆故障应急处置、乘客事务处置以及各类涉及列车运行的紧急突发事件应急处置等常规项目等内容，乘务专业岗位培训内容详见表3-3。

表3-3 乘务专业岗位培训内容

项目	培训重点内容	所需时长	培训内容掌握情况
理论培训	安全类知识、车辆类知识、信号类知识、行车组织类知识、司机标准化、接触网等相关知识	2个月	1. 了解作业场所安全生产基础知识、交通安全法规、消防安全知识、自然灾害防范知识、安全意识培养等相关安全教育。 2. 掌握车辆基本参数、司机室布局、驾驶模式、制动方式等内容，对车辆有一个系统性认识。 3. 掌握信号基础知识、功能及信号设备操作。 4. 掌握线路接触网知识、轨道知识、设备操作知识。 5. 精通线路行车组织、司机标准化流程知识，对线路行车组织要求，司机作业流程系统化培训。 6. 掌握车辆故障应急操作处置、现场处置应急及客运、票务基础等相关知识
实操培训	线路标识牌含义、司机出退勤、列车整备、作业标准化驾驶、速度控制等相关知识	3个月	1. 了解列车基本驾驶要求、线路常见标识含义及场段踏勘等基础实操培训。 2. 掌握司机出退勤流程、列车出入库整备、段内驾驶等相关实操技能。 3. 熟练正线驾驶（区间作业、站台作业、路口作业）、交接班作业、上下热备车作业。 4. 掌握线路限速驾驶要求、路口驾驶规范等速度控制

续表

项目	培训重点内容	所需时长	培训内容掌握情况
应急处置培训	车辆常见故障处置、现场处置应急处置、列车救援及票务类事务处置等相关知识	3个月	1. 掌握车辆非常见故障处置流程。 2. 熟练车辆常见核心故障处置流程。 3. 掌握现场应急处置方案、应急处置场景、乘客事务及票务业务知识。 4. 掌握应急情况下列车运行模式、交路运作及电车救援知识技能

四、客运专业人员培训

(一) 培训标准

客运专业标准化培训课程体系应包括安全教育、理论培训、设备实操培训等，员工培训完毕按照理论考试、设备实操、应急演练等方式进行考证鉴定。

(二) 培训科目

有轨电车线路客运人员培训科目应结合实际生产需要和线路特点，主要包括安全教育、票务知识、专业基础知识、岗位应知应会、岗位相关实操、操作规定及程序、故障处置、应急处置、乘客事务处置等内容，客运专业岗位培训内容见表3-4。

表3-4 客运专业岗位培训内容

项目	培训重点内容	所需时长	培训内容掌握情况
理论培训	安全类知识、客运类知识、服务类知识、票务类等相关知识	1个月	1. 了解作业场所安全生产基础知识、安全法律法规、消防安全知识、公司各类红线制度、施工安全知识、安全意识培养等相关安全教育。 2. 掌握车站日常客运组织及突发大客流客运组织等知识。 3. 掌握乘客投诉、乘客事务处理技巧。 4. 掌握票务系统实操，票务违章责任处理及案例分析，票务备品、票务钥匙使用及保管要求，票务稽查和收益安全知识

续表

项目	培训重点内容	所需时长	培训内容掌握情况
实操培训	防汛应急设备设施、消防应急设备设施、遗失物品操作流程、日常票务操作及票务应急等相关知识	1个月	1. 掌握现场防汛应急设备设施基础实操技能。 2. 掌握现场消防应急设备设施基础实操技能。 3. 熟练操作遗失物品拾获、保管、到期处理台账及系统操作流程。 4. 掌握日常票款清点及系统录入、票务设备设施（如：手持验票机、进站闸机等）操作流程技能
应急处置培训	现场故障处置、突发事件现场应急处置流程等相关知识	1个月	1. 掌握现场故障报修、跟进及整改闭环处置流程。 2. 掌握突发事件现场应急处置流程。 3. 掌握应急情况下车站客运组织变化知识技能

第四章 线路调试

线路调试的目的在于检验各系统是否达到设计标准以及是否达到承包商合同中规定的各项性能指标，达到全系统的最佳匹配，检验运营操作及维修人员的实际上岗水平以及各类规章制度的完整性和可操作性是否满足开通初期运营需求。本章将介绍有轨电车线路调试各阶段的调试项点、总体要求、主要内容、组织流程等方面的经验。

第一节 单系统调试

一、系统构成及调试要点

单系统调试对信号、车辆、通信、供电等系统进行全方位性能验证及功能点测试，使相关设备满足正常工作状态，符合设计标准和合同要求，并确保修程修制、作业指导书及其他相关资料的完整性和可操作性，由建设管理单位或系统承包商牵头组织调试，单系统调试完成后，形成相应的调试报告，作为系统联调的必要依据，主要系统关系如图4-1。

1. 信号（含道路交通信号控制系统）

信号系统和道路交通信号控制系统的主要包括DMS（中心调度管理系统）、OBS（车载系统）、CI（计算机联锁系统）、MSS（维护监测系统）、OLC（平交路口信号优先子系统）、TIAS（综合调度系统），信号系统构架如图4-2所示。

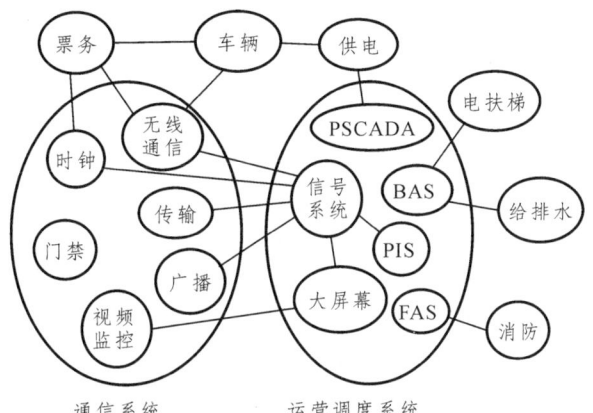

图 4-1 主要系统联动关系

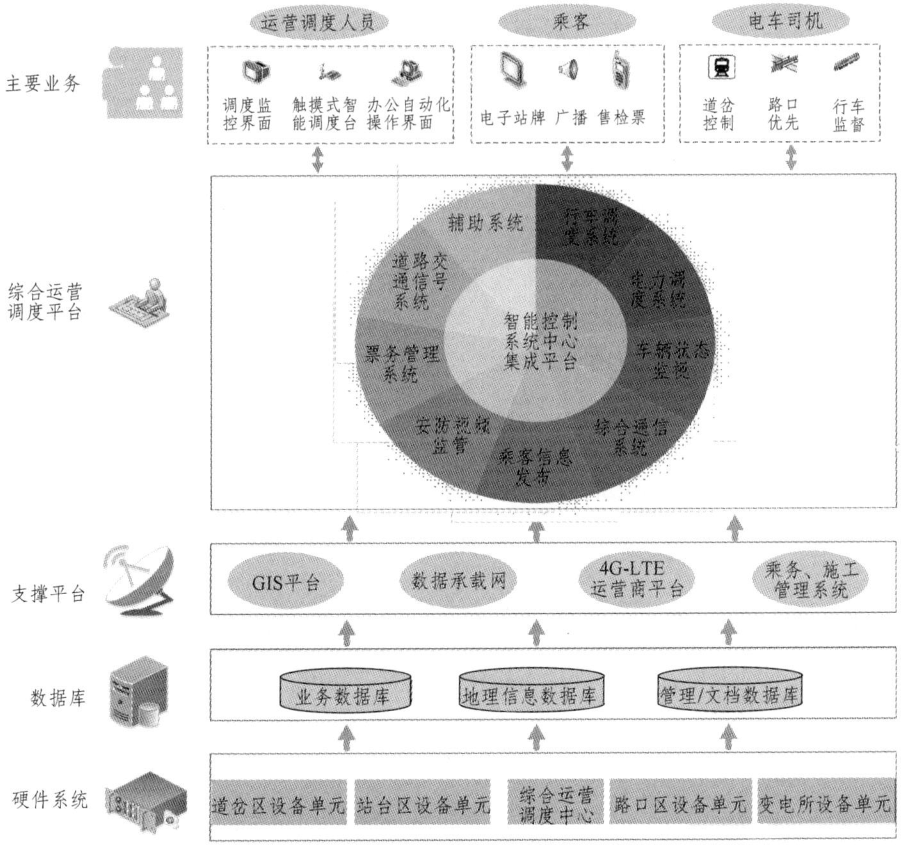

图 4-2 信号系统构架

信号系统调试应包括系统静态调试、一致性测试、接口调试、动车调试，具体测试内容见表4-1。

表4-1 信号系统主要测试内容

调试阶段	调试项目	调试内容
静态调试	电源屏/UPS调试	验证场段电源屏/UPS工作是否正常，电源屏的规格、型号、安装满足是否设计要求，确保为后续信号设备的调试提供可用且稳定的电源
	安装定测	使轨旁设备安装精准，安装定测测试包括现场进路信号机、路口专用信号机、计轴、信标的定测
	CI静态测试	检验每个道岔控制柜、联锁机配线正确，使正线道岔控制柜能工作
	信标烧录测试	烧录线路上需要录入数据的信标，确保后续列车正常运行
	DMS静态测试	确认不同的DMS设备（服务器、工作站、通信前置机）的上电和连接，检查线缆安装牢固，标签、标识、套管识齐全正确，线缆露铜检查，图纸校对。安装不同的软件和参数组件，验证人机接口，验证服务器间的冗余，验证与其他子系统的连接，同时验证DMS子系统的基本功能
	MSS静态测试	验证MSS车场设备是否齐备，硬件连接安装牢固，标签、标识、套管识齐全正确，线缆露铜检查，图纸校对，上电测试，安装驱动及软件，并进行通信测试
	OLC静态测试	验证系统设备安装正确，保证可靠的、合格的系统运往现场安装、调试。检查线缆安装牢固，标签、标识、套管识齐全正确，线缆露铜检查，图纸校对

续表

调试阶段	调试项目	调试内容
静态调试	TIAS 静态测试	验证弱电子系统设备和施工、乘务管理系统设备是否齐备，进行硬件连接安装牢固，标签、标识、套管识齐全正确，线缆露铜检查，图纸校对，并进行上电测试
	OBS 静态测试	验证 BCM 和 I/O 模块的机械和电气集成，检查 BCM 设备的配置（BCM 内核、I/O 模块、编码里程计、信标天线、数据记录仪等）及这些设备的内部接口。测试与列车线缆的接口（I/O 与列车线间）安装牢固，标签、标识、套管识齐全正确、线缆露铜检查、图纸校对
	道路交通信号控制系统静态测试	验证系统设备安装正确，检查线缆安装牢固，标签、标识、套管识齐全正确，线缆露铜检查，图纸校对。可以正常运行，验证 OLC-道路交通信号控制系统输入输出一致性
一致性测试	车场联锁一致性测试	验证 CI/轨旁设备的输入输出一致性，以检查 CI、继电器架、分线柜和轨旁设备的配线正确。检查室外设备、联锁机状态、联锁工作站状态显示一致性
	正线联锁一致性测试	检验每个道岔控制柜配线正确，道岔控制柜与室外设备动作一致。检查室外设备、联锁机状态、联锁工作站状态显示一致性
	MSS 接口一致性测试	验证 MSS 子系统与其他子系统或设备的接口通信正常，MSS 子系统的功能正确，调试完成后 MSS 子系统可以正常使用
	OLC 一致性测试	验证 OLC 子系统 CI、DMS、有源信标、TSC、灯丝报警的接口通信正常，OLC 子系统的功能正确，调试完成后 OLC 子系统可以正常使用

续表

调试阶段	调试项目	调试内容
联锁实验	联锁实验	验证正线、场段的区段、道岔、信号机之间的联锁关系正确，联锁关系与联锁表内一致
接口调试	TIAS 接口测试	TIAS 与 PSCADA、CCTV、PIS、售检票系统、PA、TEL、BAS、CLK、大屏、TSC 接口测试
	正线与车场接口测试	停车场、车辆段与正线联锁系统接口测试
动车调试	轨道数据校核	验证正线安装的信号设备是否满足设计要求
	OBS 动态测试	验证激活动态模式下的每个 OBS 设备，并监督 OBS 的所有动作，目的是验证每列车的 OBS 设备在真实运行环境下正确运行
	OBS 功能测试	验证列车定位功能和速度计算及显示功能、测试列车能触发全线所有进路信标、测试列车能触发全线所有会话信标、测试系统的降级模式、对所有测试检查 DMI 上的显示，所有测试在正常速度下进行
	DMS 功能测试	验证 DMS 子系统所有功能满足设计要求，主要验证正线道岔控制、列车运行状态监视、列车跟踪、运营计划管理、故障诊断及报警等功能
	OLC 功能测试	验证 OLC 子系统所有功能满足设计要求，主要验证双 Y 路口的优先策略、验证车辆场路口的优先策略、验证 OLC 柜门报警功能
	系统运行及性能测试	验证系统的性能、可靠性及可用性，主要验证行车间隔、验证折返间隔、验证出入库能力、验证列车在不同特殊调整模式下的运行、多列车按照时刻表进行跑图试验

2. 车　　辆

车辆系统主要包括：车体、转向架、电气牵引及辅助供电系统、制动系统、乘客广播信息系统、列车网络及监控系统、空调系统、车门、内装设备等。

车辆单系统调试包含型式试验及例行试验，具体内容见表4-2。

表4-2　车辆主要调试内容

试验项目	试验名称	试验内容
例行试验	静态试验	绝缘测试、辅助电源系统静态试验、辅助电源的供电试验、牵引控制系统静态试验
	动态试验	牵引、制动等一般性能试验
	列车控制及监控系统试验	一般性能试验
	电-液制动试验	各级制动及各级制动间相互转换试验，并进行减速度测定和制动距离测定
	安全设备检查、试验	紧急制动按钮的检查和试验，报警装置的检查、试验
	列车广播及信息显示系统测试	操作检查，功能测试
	称重试验	车辆称重试验
	限界试验	车辆通过限界试验
	淋雨试验	淋雨试验
	空调试验	控制系统动作试验，装车后空调机组与控制系统的组合试验
	车门试验	车门的开关门动作时间及车门的开关状态显示
型式试验	车体静强度试验	验证车体强度
	车门系统试验	验证车辆门系统性能
	照明系统试验	验证车辆照明系统性能
	称重试验	测量车辆轮重及轴重
	液压系统试验	验证车辆制动系统中液压单元是否符合设计要求

续表

试验项目	试验名称	试验内容
型式试验	牵引系统静态试验	验证车辆牵引系统静态功能
	电制动试验	验证车辆制动系统中,电制动单元是否符合设计要求
	辅助电源系统试验	验证车辆辅助电源功能是否满足设计要求
	蓄电池和充电机系统试验	验证蓄电池及充电机系统功能是否满足设计要求
	制动系统静态试验	验证车辆制动系统静态功能
	静态限界试验	检查车辆限界是否满足要求
	外部尺寸检查	检查车辆外部尺寸是否满足设计要求
	架车试验	验证车辆架车性能
	风挡刮雨器试验	验证风挡刮雨器是否满足车辆设计要求
	可操作性可维护性试验	检查车辆设备设施安全性及可操作性
	列车自动控制系统试验	验证车辆 TCMS 系统功能
	动态限界试验	考核车辆是否满足正线限界要求
	受电弓试验	弓网动态接触力、离线电弧、受电弓滑板振动幅度和硬点等参数测试
	牵引系统动态性能试验	故障运行能力测试、牵引热容量测试、速度特性试验、平均加速度测试、防空转测试
	制动系统动态试验	制动系统热容量测试、制动级位制动性能测试、制动系统防滑试验、车内制动触发试验
	坡道起动试验	测试车辆能否在规定的坡度与载荷范围内起动
	停放制动试验	测试车辆能否在规定的坡度与载荷范围内停放制动

续表

试验项目	试验名称	试验内容
型式试验	典型运行图试验	模拟车辆于正线运行时的状态,测试车辆平均旅行速度
	救援试验	用一列空载车连挂另一列空载车辆于最大坡道处牵引回车辆段
	电磁兼容试验	车辆自兼容试验,辐射发射试验,辐射抗扰度、静电抗扰度试验,传导干扰度、低频磁场试验
	空调系统试验	车辆空调性能试验
	曲线通过性试验	车辆在曲线变化线路上的部件干涉、安全裕度和运行情况检查,测量转向架和车体扭转
	声学和振动试验	车辆内部、外部在动态、静态条件下的噪声测试,正线振动测试
	动力学试验	车辆脱轨系数、动态轮重减载率、轮轴横向力、平均轮轴横向力、轮轨最大垂向力、构架加速度、车体横向加速度和车体垂向加速度等参数测试
	乘坐舒适度	车辆舒适度等级和平稳性指标测试

3. 通 信

通信系统包含有骨干网、无线(含二次开发)、电话、乘客信息、视频监控、入侵告警、时钟、办公自动化(含视频会议)、门禁、设备监控、电子巡更等系统。

通信系统现场调试按阶段分为通信各子系统单机/单站调试、各子系统单系统调试、通信系统内联调测试,按内容主要包括箱柜安装检查、柜内接线检查、系统的软硬件配置检查、加电调试、接口测试、各项功能测试等,具体内容见表4-3。

表 4-3 通信系统调试主要内容

调试项目	调试内容
骨干网系统	骨干网络环网调试
	与乘客综合信息系统、视频监控系统、无线系统（及二次开发系统）、电话系统、电源系统、门禁系统、入侵告警系统、时钟系统、设备监控系统、安全门系统、SCADA系统、乘务管理、火灾报警、票务系统、信号系统的接口测试
无线通信系统（含二次开发和车载台调试）	业务数据、网管配置和告警及故障和日志管理；二次开发调度台、网管、录音、车载台调试
	LTE 车载设备调试
	与骨干网系统、时钟系统、车辆系统的接口调试
视频监控系统	在服务器增加所管辖站点的设备信息，在任意站点能查看管辖车站的实时图像，调试车站球机图像并能通过设备控制，车站与中心交换机能够互相通信
	与骨干网系统、时钟系统、集中告警系统、电源系统、视频监控线网连接平台、分局、市局、交委、车载监控系统、调度管理系统的接口调试
入侵告警系统	红外告警系统调试、入侵告警系统调试、红外告警系统前端设备调试、入侵告警系统前端设备调试
	与骨干网系统、时钟系统、电源系统、视频监控联动的接口调试
乘客综合信息系统	信息功能、广播功能调试
	与骨干网系统、时钟系统、专用电话、电源系统、车辆系统、信号、FAS 系统、专用信息平台的接口调试
时钟系统	控制中心一级母钟、子钟、监控网管等，车辆段/停车场等二级母钟、子钟等设备调试
	与骨干网系统、电话系统、电源系统、无线系统（二次开发）、视频监控系统、乘客综合信息系统、设备监控系统、门禁系统、入侵告警系统、办公自动化系统、无线系统的接口调试

续表

调试项目	调试内容
电话系统	电话系统、录音系统、网管系统、计费功能、终端话机功能调试
	与时钟、综合运营平台、与公网、与地铁系统的接口调试
办公自动化系统	控制中心、车辆段、停车场等系统调试,在本线控制中心对各车站、车辆段、停车场进行互通性测试
会议电视系统	控制中心单系统调试,各分会场终端调试
设备监控系统	与各子系统网管接口测试
门禁系统	车站调试,系统整体功能调试,网管调试
	与骨干网系统、时钟系统、BAS系统的接口调试
电源系统	UPS调试,配电柜调试
	与用电系统、传输系统、时钟系统接口调试

4. 供 电

供电系统包含变电系统、接触网系统、环网系统,其中变电系统包含杂散系统、电力监控(PSCADA)系统。供电系统示意图如图4-3所示。

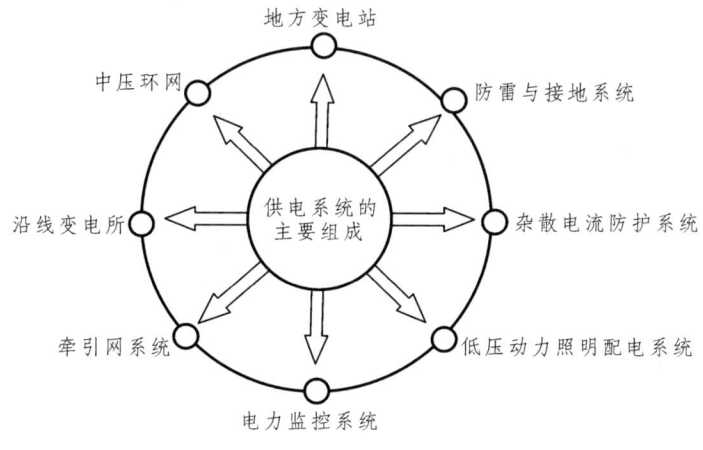

图4-3 供电系统

供电系统单系统调试包含单机调试方案及系统调试方案,具体内容见表4-4。

表 4-4 供电系统调试主要内容

调试项目	调试项点	调试内容
单机调试	高压交接试验	接地装置测试：接地电阻测试
		整流变压器试验：外观检查、绕组直流电阻测试、绝缘电阻及吸收比测试、变比误差测试及极性检查、绕组接线组别检查、工频交流耐压试验
		整流器柜试验：外观检查、测量绝缘电阻（主回路对地、柜体框架）、熔断器故障试验、工频交流耐压试验、功能试验
		配电变压器：外观检查、绕组直流电阻测试、绝缘电阻及吸收比测试、变比误差测试及极性检查、绕组接线组别检查、工频交流耐压试验
		AC10 kV 开关柜试验：外观检查，测量主回路的导电电阻，断路器的分、合闸时间，测量断路器的分、合闸速度，测量断路器主、辅触头分、合闸的同期性及配合时间，测量断路器分、合闸线圈绝缘电阻，测量主回路绝缘电阻，交流耐压试验，断路器的操作试验
		750 V 直流柜：外观检查，闭锁检查，直流开关柜检查，测量绝缘电阻，交流耐压试验，测量主回路的导电电阻，测量断路器分、合闸时间，机械操作试验，测量分、合闸线圈的直流电阻及绝缘电阻
		负极柜：外观检查、绝缘测试（主回路、框架）、交流耐压试验、功能检测
		排流柜：外观检查、测量绝缘电阻、交流耐压试验、辅助装置的检验、功能检查
		轨电位：外观检查、测量绝缘电阻、交流耐压试验、辅助装置的检验、功能检查
		单向导通装置：外观检查、测量绝缘电阻、交流耐压试验、辅助装置的检验、功能检查
		交流屏：外观检查、绝缘电阻测试、功能检查及试验、相序检查
		直流屏及蓄电池：外观检查、绝缘电阻测试、功能检查及试验、电池组充电和放电试验

续表

调试项目	调试项点	调试内容
单机调试	高压交接试验	避雷器试验：外观检查、绝缘电阻测试、直流参考电压及泄漏电流、运行电压下的交流泄漏电流
		电流、电压互感器：外观检查、绝缘电阻测试、绕组直流电阻测试、变比及极性检查、误差试验、伏安特性试验、交流耐压试验
		隔离开关：外观检查，绝缘电阻测试，负荷开关导电回路的电阻、交流耐压试验，操动机构的试验
		支柱和悬式绝缘子及分段绝缘器试验：外观检查、绝缘电阻、交流耐压试验
		AC 10 kV 电力电缆试验：电缆主绝缘电阻、电缆外护套绝缘电阻、电缆内衬层绝缘电阻、铜屏蔽层电阻和导体电阻比、交流耐压试验，相位检查
		DC 750 V 电力电缆：测量绝缘电阻、耐压试验，对于直流电缆进行接线正确性检查
	二次调试	交直流屏、10 kV 开关柜、直流 750 V 开关柜、轨电位、负极柜、整流器、变压器、隔离开关、400 V 开关柜、排流柜、单向导通装置、区间隔离开关等二次设备的一般性检查，二次回路接线检查，绝缘检查，控制功能一般性检查以及逻辑校验，继电保护整定值校验，信号回路检测，测量回路校验以及精度检查，表计校验
系统调试	变电系统调试	PSCADA 系统调试
	杂散系统调试	监测装置调试、监测装置遥调测试、监测装置与传感器联调、监测装置与监控系统主机联调
	接触网系统调试	接触网冷滑、接触网绝缘导通试验，接触网热滑试验，接触网短路试验，接触网限界检查

续表

调试项目	调试项点	调试内容
系统调试	环网系统调试	验证环网电缆符合 10 kV 电压等级的技术标准，电缆敷设路径、相序、电缆中间接头、终端头、线芯、屏蔽层均能符合技术设计标准，从而保证送电安全，以及供电运行的可靠性
		上下所之间设置的纵联差动保护校验，验证纵联差动保护的可靠性、选择性、灵敏性、速动性，确保送电后不误动作，电缆故障时能够及时切断故障点
	PSCADA 系统与调度运营管理系统（TIAS）接口调试	检查 PSCADA 系统与 TIAS 系统的通信路由是否已通，TIAS 系统判断专业间通信是否正常，按 PSCADA 专业所提供给 TIAS 系统的点表，在底层设备专业的配合下 TIAS 系统对供电系统进行设备的信号点采集核对和控制动作验证

5. 消　防

消防系统主要包括火灾自动报警系统、气灭系统、水消防系统、防排烟系统、应急疏散系统及各类防火分隔。消防系统调试具体内容见表 4-5。

表 4-5　消防系统调试内容

调试项目	调试内容
火灾自动报警系统	包括火灾自动报警控制器、现场网络、消防设备电源、消防电话、感温电缆、感温光纤。调试内容主要包括火灾自动报警控制器自检功能测试、打印机测试、主备电源切换、接口组件、通信功能、接地装置测试
气灭系统	气体灭火系统由灭火剂储存容器、阀驱动装置、选择阀、单向阀、压力表、气体灭火管道、气体喷洒头、泄压口、电气配管配线、气灭现场控制盘、温/烟感探测器、声光报警器、警铃、手自动转换紧急启动开关、气体灭火控制主机等组成。主要对所有防护区逐一进行模拟火灾自动控制、现场手动控制测试、远程控制测试、气体释放信号测试

续表

调试项目	调试内容
水消防系统	消防给水稳压系统由稳压泵组、稳压泵组控制柜、高位水箱、气压罐、配套流量/压力测量仪表、阀门及附属管路组成。按照设计文件、设备厂家资料要求设置控制柜控制参数，检测稳压泵组、气压罐是否按照设定参数自动运行并稳定管网压力，检测稳压泵组水泵主备互投功能是否正常，故障提示、反馈功能是否正常
	自动喷水系统由水泵泵组、泵组控制柜、喷头、水流指示器、末端试水装置、安全泄压阀、减压阀组、配套流量/压力测量仪表、阀门及附属管路组成。按照设计文件、设备厂家资料要求设置控制柜控制参数、安全泄压阀泄压压力、减压阀组出口压力，控制柜手动状态下，逐一检测各分区水流指示器信号输出、分区末端压力、减压阀组设置是否正常，检测安全泄压阀工作是否满足参数设定要求；控制柜自动状态下，检测压力开关启泵信号，测试泵组压力开关自动启动功能、水力警铃、自动延时器是否正常工作，对系统内所有湿式报警阀需进行逐一测试。检测水泵主备互投功能、故障提示、反馈功能
防排烟系统	测试风机启动及运行电流、轴承温升、风量、风压、启动时间、可逆转风机正反转时间的切换时间、运行噪声；双速风机高、低速分别调试，连续运行先低速、后高速；环控柜控制风机试运行，通过环控柜进行点对点调试（如有）；BAS系统控制风机试运行，通过BAS控制界面对设备进行单独控制，测试BAS下发的命令是否与环控柜及现场设备运行状态、运行参数一致
应急疏散系统及各类防火分隔	应急疏散系统包括疏散指示标志、安全出口及应急照明系统等，各类防火分隔设施包括防火卷帘、防火门、防火墙、电缆井管道井等，按照设计要求对设备功能进行验证

二、重要组织节点建议

（1）信号系统的静态测试是现场调试活动的第一步，在子系统级进行，主要关注系统设备的装配和内部接口的确认，车载设备的静态调试根据车辆生产计划和交付情况开展。

（2）车辆型式试验和例行试验应在供应商厂内完成，线路相关测试可与信号系统动车调试同步开展。

第二节　多方接口调试

一、多方接口功能管理

有轨电车多方接口调试涉及车辆与信号系统、无线通信系统，接口功能主要包括视频上传、节目下发、紧急信息下发、OCC 对电客车广播、故障信息上传、时间一致性测试。

二、多方接口调试管理

为有效做好多方接口调试，须统筹各系统接口，梳理各系统接口功能，一般宜选择车辆或信号集成商作为协调方，配合运营管理单位开展接口管理，并总体牵头各接口系统单位开展多方接口调试。以车辆故障信息上传及紧急信息下发功能为例，测试要求及测试内容见表 4-6 和表 4-7。

表 4-6　车辆故障信息上传测试表

列车号	车辆TCMS是否工作正常	模拟故障在车辆的显示				模拟故障在OCC的显示			判定结果	备注
		故障代码	故障内容	故障发生时间	故障位置	故障代码	故障内容	故障发生时间	故障位置		
	是□ 否□									通过　□ 未通过□	
	是□ 否□									通过　□ 未通过□	

确认结果	通过□	未通过□

测试时间		测试地点或区间	

测试人员	填表人		
	确认人	单位名称	确认人签字

填表说明	1. 确认人包括：通信专业（无线）、信号/综合监控、车辆承包商及监理、运营公司现场配合卡控人员； 2. 确认人确认填表人所填写的数据和判定结果无误后方可签字； 3. 通过标准：各选择项均选择"是"。

表 4-7　紧急信息下发功能测试表

列车号	MC1	C1	TP1	C2	MC2	备注
综合监控紧急指令是否正确发出						
车辆媒体屏是否正常显示紧急文字信息（设置区域滚动显示）						
车辆媒体屏是否正常显示紧急信息（全屏切换显示）						
判定结果	通过□				未通过□	
测试时间						
测试地点或区间						
测试人员	单位			确认人		
	单位			确认人		
	单位			确认人		
	单位			确认人		
	单位			确认人		
填表说明	1. 确认人包括：通信专业（无线）、信号/综合监控、车辆承包商及监理，运营公司现场配合卡控人员； 2. 确认人确认填表人所填写的数据和判定结果无误后方可签字； 3. 通过标准：各选择项均选择"是"。					

第三节 系统联调

一、总体目标

系统联调是由建设阶段向运营阶段有序过渡的关键环节，通过系统联调可以检验各系统是否达到设计标准以及是否达到承包商合同中规定的各项性能指标，达到全系统的最佳匹配，检验运营操作及维修人员的实际上岗水平以及各类规章制度的完整性和可操作性是否满足开通初期运营需求。

（一）功能目标验证

有轨电车线路设备由信号、车辆、通信等多个系统组成，系统联调要验证各系统及子系统之间的联动关系实时性、完整性及稳定性。

（二）接口目标验证

通过系统联调，验证系统硬件设备和软件接口功能是否达到设计要求，各系统接口冗余性能是否满足设计要求，优化各接口参数匹配，验证接口系统间通信规约的一致性，实现线路全系统整体性能最优化。

（三）性能指标验证

验证各设备系统间的接口功能和性能是否达到设计要求并满足运营模式使用要求，及系统极端、降级和故障情况下功能的验证。

检验各设备系统的性能指标及功能、架构、操作方式等是否满足设计要求和运营管理模式要求，及时发现、排除在系统规范、设计、制造、安装环节存在的隐患和不足。

（四）稳定性和可靠性验证

通过系统联调，较为全面地检查各系统单体调试和接口调试质量，暴露相关设计和施工缺陷，并对发现的问题进行及时有效的整改，确保系统能完全满足运营使用要求。

系统联调是对核心系统功能调试、系统接口调试、动车调试等各阶段成果的验证，通过综合性的功能测试可及时发现前期测试中无法暴露的设计和施工问题，确认系统是否具有高可靠性、安全性和可维修性，是否满足国家标准中的规定要求。

（五）人员技能培养

通过系统联调，对参与操作的运营人员培训质量进行有效的检验。通过联调，检验运营操作及维修人员的实际上岗水平，结合运营实际要求进行评估，确保运营上岗人员满足开通初期运营的工作要求。

（六）规章体系检验

通过联调，检验各类规章制度的完整性和可操作性，结合联调暴露出来的问题，对相关规章制度在开通试运营前进行进一步修订和完善。

二、联调一般要求

（一）组织原则

结合单系统及接口调试的工作内容及有轨电车的运营特点，确定系统联调的科目及联调重点，不再对单纯的单系统及接口测试在联调阶段进行重复测试，并将联调的侧重点转移到多系统联调测试、关键功能性抽测及关键性能指标测试，重点进行供电系统能力测试和路口交通信号测试。

（二）主要风险及应对措施

有轨电车系统联调基本在地面路段，路口与社会车辆共用路权，联调过程中与社会车辆及行人发生交通事故的安全风险较大，需针对性地制定应急演练科目并组织开展应急演练，包括列车在路口与社会车辆发生碰撞、社会交通信号灯故障等。

（三）分段开通的接入

如存在分段开通的情况，为确保首开段与后续段的无缝接入，需采取以下措施：

（1）在贯通空载前需完成关键系统接入，关键系统包括通信、信号、供电等专业需在首开段施工阶段预留软件和硬件接口，要求设计及系统承包商提供详细可行的接入方案，必要时组织专家评审，确保方案的合理性和科学性。

（2）信号系统需在贯通空载前提供贯通空载安全认证及安全限制条件。

（3）后期开通区段接入首期开通区段后，贯通运营进行多交路运行下行车关键指标及多方接口功能测试验证。

三、联调前置条件

（一）总体要求

（1）系统承包商及设备供应商的值守、保驾、抢修人员已到位，熟悉联调方案并能完成设备操作、故障处理、检修及抢修工作，各系统设备状态良好并可安全操作。

（2）联调现场相关边界条件、安全检查已落实，变电所等重要设备房有专人值守并制定相关防护措施。

（3）车站、区间、场段的线路标志、安全标志、疏散标志、信号标志、停车标等标志标识齐全。

（4）通信骨干网、1.8 GHz 和 400 MHz 无线手持台完成测试并具备使用条件。

（二）设备方面

（1）系统联调相关的设备系统完成单系统及接口调试，投入使用，提供试验记录、试验报告等调试通过证明材料。

（2）完成联调范围内的系统实体工程，并经检查合格，轨行区完成限界检查、热滑试验，并验收合格，线路施工垃圾清理完毕。

四、联调科目设置

单系统和接口调试由建设、运营单位参与所有测试，在单系统和接口调试的基础上由运营单位组织系统联调，设置三个联调科目。

1. 非行车设备类

非行车设备类科目包括供电系统、机电系统、票务系统等关键性能指标测试；综合调度管理系统、气灭系统、设备监控系统、消防水系统、通风空调等相关多系统联动测试。

2. 行车设备类

行车设备类科目是指与列车运行相关的系统联合测试，包括列车防护功能测试、行车条件下多系统联动测试、场段联锁验证测试。

3. 系统能力验证

系统能力验证主要围绕与运营紧密相关的交路验证、旅行速度测试、行车间隔测试、出入段能力测试、折返间隔测试。该部分测试项目主要以车辆、信号等行车设备为主，测试正常条件下行车设备的功能验证。系统联调科目设置可参照表4-8。

表4-8 系统联调设置

科目	类别	项目
非行车设备类	供电系统	PSCADA系统、程控卡片联调测试
		直流牵引供电系统满负荷能力测试
		直流牵引供电系统供电方式调整测试
		开闭所退出环网联络支援供电及大负荷测试
	机电系统	机电系统联调及接口测试
		低压供电联调
	票务系统	系统压力测试
行车设备类	列车防护功能测试	车门防夹功能
		车辆应急功能测试
		后溜防护功能测试
		列车警惕按钮防护
		超速防护、闯红灯测试

续表

科目	类别	项目
行车设备类	行车条件下多系统联动	智能交通功能测试
		CCTV、PIS、广播功能验证
		电客车供电切换测试
		场段联锁验证测试
		超级电容供电能力测试
系统能力验证	行车关键指标测试	交路验证
		旅行速度测试
		最小行车间隔
		出入段能力测试
		折返间隔测试

五、联调组织与实施

(一) 实施原则

系统联调工作宜提前 6 个月启动（可根据线路长度及建设工期调整），主要设计工作有联调指挥部成立、规章制度建设、联调方案编制及评审、联调前置条件检查及制定各专业设备检修规程、检修制度等，具体可参考图 4-4。

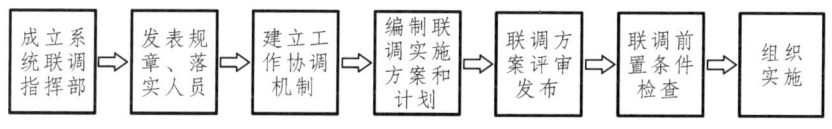

图 4-4 联调计划

(二) 联调组织架构

成立系统联调指挥部，按照"运营牵头、建设配合、承建单位参与"的原则，全面组织联调工作的开展，指挥部成员由建设、运营及承建单位或部门的相关负责人组成，指挥部下设三个专业小组，设备组负责统筹组织短轨通后安装、调试、尾工、消缺、验收、运营筹备等工作；行车组负责系统联调计划、节点目标审定；安全综合组负责协调系统联调中的重大事宜以及负责检查督促各单位按职责和合同开展系统联调相关工作。联调组织构架如图 4-5 所示。

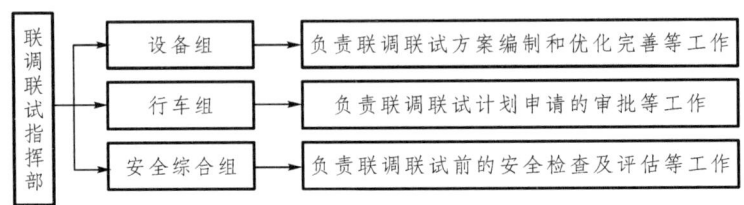

图 4-5　联调组织构架

1. 设备组

设备组负责通信、信号、供电、机电、票务系统、车辆等设备的系统联调方案的编制和优化完善；负责按预定计划组织相应联调科目；负责本组调试过程中的现场数据记录和整理，形成调试报告；负责联调缺陷的落实和跟踪；负责按期完成联调指挥部安排的其他工作。

2. 行车组

行车组负责具体系统联调计划申请的审批和相关施工及作业令的批准；负责系统联调过程中的调度指挥和组织协调；处置系统联调过程中出现的意外事件，组织系统联调抢险与救援工作；负责按预定计划组织相应联调科目；负责本组调试过程中的现场数据记录和整理，形成调试报告；负责按期完成联调指挥部安排的其他工作。

3. 安全综合组

安全综合组负责系统联调前的安全检查及评估；负责混合路权段联调期间与政府部门协调工作；负责对相关违章及存在安全隐患责任部门进行通报，并报公司按相关规章制度进行处罚；负责合理安排系统联调人员的后勤保障；负责系统联调的相关宣传工作；负责运营参与人员培训及评价工作；负责按期完成联调指挥部安排的其他工作。

（三）联调工作流程

（1）准备阶段：召开准备会，核查联调实施条件，落实安全和后勤保障。按照联调方案准备调试相关用表。

（2）实施阶段：由各科目负责人组织实施，对联调前置条件核查后组织调试，并对联调测试进行记录和统计。在条件具备及整改完成后，组织补测和复测。

（3）总结阶段：召开联调总结会，对系统联调实施情况进行分析和总结，将存在的问题和缺陷布置给责任单位限期整改，整改完成后安排运营部门进行复查，实现所有问题闭环管理。

联调流程图如图 4-6 所示。

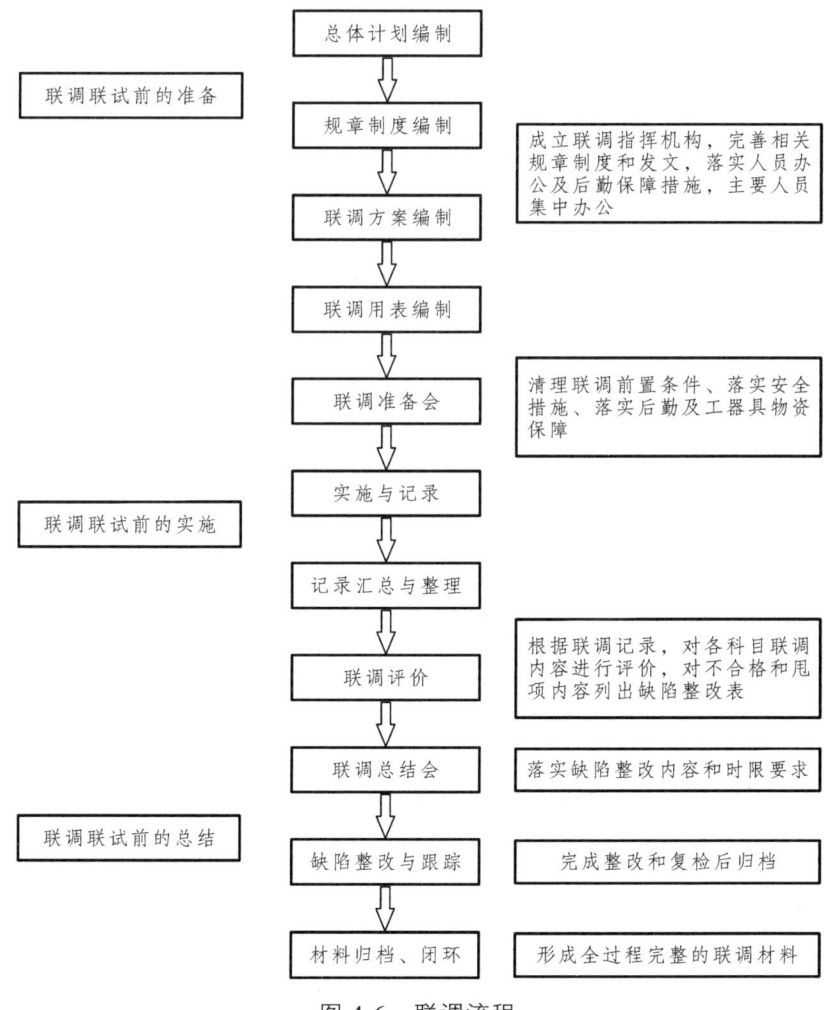

图 4-6　联调流程

第五章 规章制度

第一节 编制要求

规章制度的编制通常先建立领导小组及编制组，应符合《中华人民共和国安全生产法》《城市轨道交通运营安全风险分级管控和隐患排查治理管理办法》《城市轨道交通行车组织管理办法》等国家及地方法律法规、相关政策、上级要求和行业规范，并结合有轨电车线路实际，做到完善、协调、合法、适用，规章编制流程详见图 5-1。

一、运营规章制度编制运作机制

在启动制度编制工作前，为确保制度的完整和适用，根据分工，由运营管理单位建立领导工作小组，同时成立编制组、评审组，明确制度实现目的和框架搭建，牵头落实制度编制到发布过程中的各项基础条件保证，并在编制过程中及时纠偏。也可通过本行业专家或者专业咨询公司成立咨询小组，为运营管理单位提供技术咨询、论证并完成各项制度评审工作，以确保制度落地的可靠性和可执行。

二、运营规章制度编制原则

运营规章制度编制在维持正常运转、约束员工行为的同时，应满足多项编制原则，一般包含以下五点：一是应符合国家法律法规和相关政策、上级文件要求和行业规范等；二是制度体系架构应科学系统、有机协调、承接有序，同类制度应相互关联、衔接配套；三是制度应符合运营管理单位实际

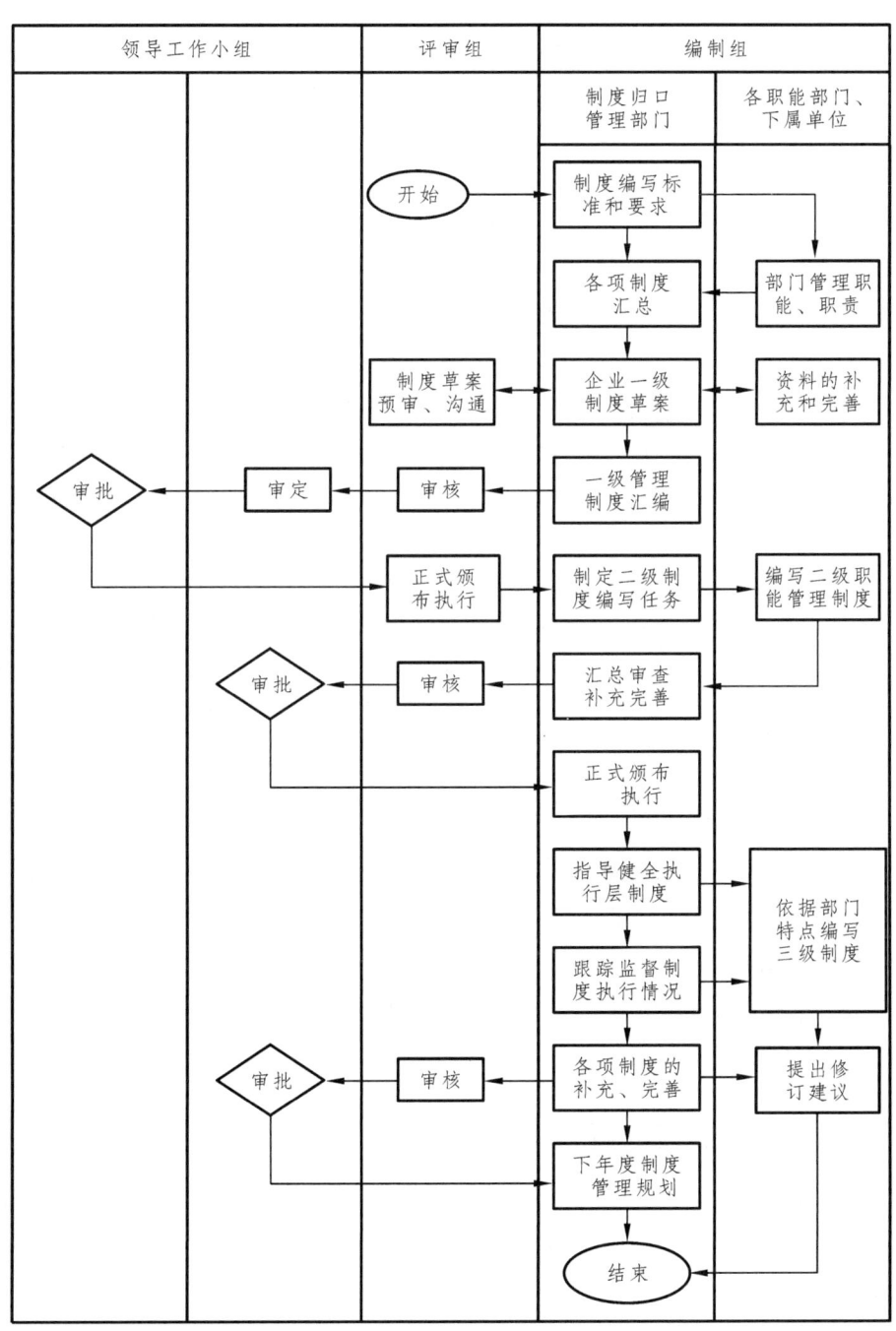

图 5-1 规章编制流程

情况，制度条款规定明确、内容具体、贴近实际、便于执行，能在一定时间、一定范围内普遍适用；四是制度结构应精简、务实、有效，发布的制度应确保逻辑清晰、重点突出、结构严谨、文字精准、格式规范；五是制度既要注重执行、体现"刚性"，又要重视人文关怀、体现"柔性"，制度发布前应充分汲取相关方意见，为广大员工所认同。

第二节　制度体系构成

有轨电车线路规章体系架构取决于运营管理单位的组织结构，业务板块需全面涵盖，通常由经营管理类的安全管理、安保管理制度，和业务技术类的行车组织、客运服务、应急处置、设备维护、新线管理、技术管理、信息化管理等制度构成。

经营管理制度是企业在生产经营活动中所采取的管理模式和管理方法的具体化描述，约束和规范企业所有部门及成员在日常的生产经营活动。合理、合法、符合企业当前发展要求的企业经营管理制度可以显著提升企业的整体运营效率。

一、规章制度体系构建要求

轨道交通规章体系构建工作是一项较为复杂的系统工程，其中既包含规章制度体系结构、目录的设计等基础工作，又涉及技术规章相关编制、管理方面的制度，过程监督等较为具体的管理业务，还需要具备成熟的技术手段作为支撑，在各个环节上相互管理、协同作用的同时，尽量减少交叉和方向目标不一致的问题，这样才能保证体系建立工作目标能平稳实现。

二、规章制度体系组成

按照职能性质将规章制度体系分为经营管理类的安全管理、安保管理等经营管理类制度，以及业务技术类的行车组织、客运服务、应急处置、设备维护、新线管理、技术管理、信息化管理等业务技术类制度。

(一) 经营管理类制度

1. 安全管理类

安全管理类包括安全生产责任制、生产安全事故（事件）责任认定及问责、运营事故（事件）报告及调查处理、安全风险分级管控和隐患排查治理双重预防管理、安全教育培训、安全生产奖惩、安全监督检查管理、应急管理、消防管理、危险品管理、信息系统安全管理、劳动防护用品管理、职业卫生管理、工伤管理、环境保护管理及各专业安全工作规程等。

2. 安保管理类

安保管理类包括安保管理、轨道交通控制保护区管理、反恐防范工作管理、密钥卡管理、客伤工作管理等。

(二) 业务技术类制度

1. 行车组织类

行车组织类指规定行车组织、调度指挥或与行车相关的各类管理办法、工作细则、工作手册等，包括行车组织、调度管理、运作手册等类别。

2. 客运服务类

客运服务类指与服务质量、车站工作流程、票务工作等相关的标准和管理办法，包括服务管理、票务管理、车站设备管理等类别。

3. 应急处置类

应急处置类指为有效预防和控制可能发生的故障/事故，最大程度减少故障/事故及其造成的损害而预先制定的工作方案，包括综合应急预案、专项应急预案、现场处置方案等类别。

4. 技术管理类

技术管理类指用于规范技术类工作管理，制定的关于技术类管理手段、执行标准的办法，包括质量管理、设计管理等类别。

5. 设备维护类

设备维护类指围绕设备维保、故障处置进行编制的规章制度、操作流程，是日常设备维保管理、维护检修工作开展和进行故障处置的依据，并且具有指导意义。包括设备维护管理、检修规程、作业指导书、故障处理指南等类别。

6. 新线管理类

新线管理类指用于规范新线建设和筹备管理工作，明确运营管理单位各部门在新线建设及运营筹备各阶段主要工作和职责，促进新线建设和筹备的制度化管理。包括新线建设、筹备管理、标准化手册等类别。

7. 信息化管理类

信息化管理类指为实现公司信息化管理需求，规范公司信息化管理手段的各类制度，包括应用建设、系统安全等类别。

第三节 主要规章制度简介

以下就"安全生产责任制""安保管理办法""行车组织规则""综合应急预案"等四部主要规章制度编制依据、目的及内容进行简单说明。

一、安全生产责任制

安全生产责任制是依据《中华人民共和国安全生产法》国家及地方法律法规、相关政策、上级要求的有关规定，结合运营管理单位实际制定的一部适用于运营管理单位开展安全生产工作的制度。安全生产责任制主要明确了运营管理单位党政领导班子、各级安全管理机构、相关职能部门及下属中心、车间的安全职责。安全生产责任制作为各级人员及单位是否履行安全生产职责的重要标准，是追究安全生产责任的重要依据。安全生产责任制构架如图 5-2 所示。

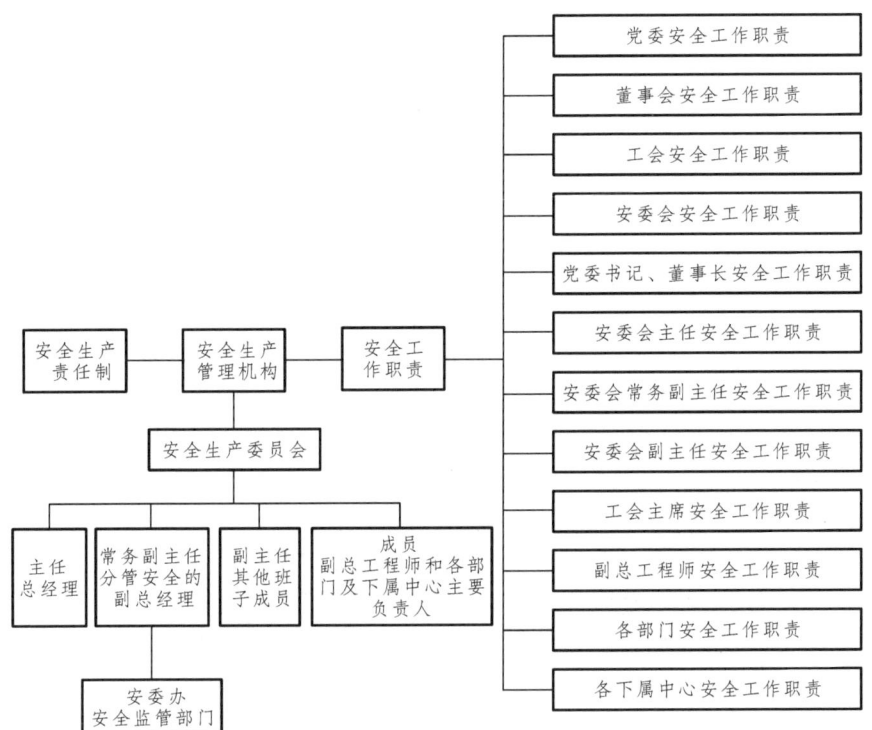

图 5-2 安全生产责任制构架

二、安保管理办法

安保管理办法是依据《中华人民共和国安全生产法》《中华人民共和国反恐怖主义法》、中华人民共和国《保安服务管理条例》《城市轨道交通客运组织与服务管理办法》国家及地方法律法规、相关政策、上级要求的有关规定，结合运营管理单位安保工作实际制定的一部适用于运营管理单位及安保委外单位的管理制度。《安保管理办法》规定了运营管理单位及安保委外单位管理工作开展的适用范围、职责分工、管理架构及配置标准、用人标准、纪律标准、红线及违禁品处置流程、培训演练、监督检查、奖惩管理、警告预警、安保激励管理、安保"一事一分析"调查等内容。有助于强化属地安保管理及安保委外单位项目管理，规范安保委外单位合同履约行为，同时激发安保委外单位及人员工作热情，充分调动其工作主动积极性，确保安保管理工作高效、有序开展。安保管理制度构架如图 5-3 所示。

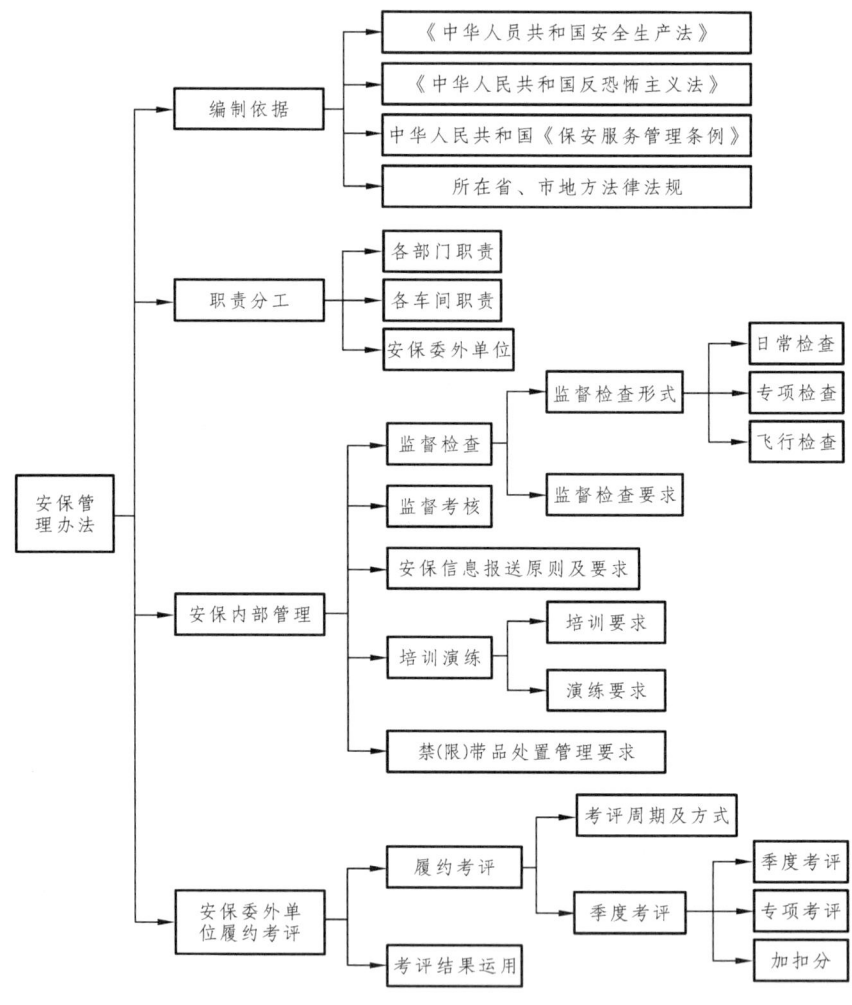

图 5-3 安保管理制度构架

三、行车组织规则

行车组织规则是依据《中华人民共和国安全生产法》《城市轨道交通行车组织管理办法》《有轨电车工程设计规范》《有轨电车试运营基本条件》《城市轨道交通运营管理规定》国家及地方法律法规、相关政策、上级要求的有关规定，根据有轨电车运营的要求、特点，将运营设备、人员按一定的规律和模式组织列车运行、调车的原则、要求和基本方法的规定。行车组织规则是行车组织各项规章制度中的基本规则，一切与行车有关的操作办法、规章制度的制定均必须以本规则为基础。行车组织规则规定了不同设备条件下的行车组织原则，明确了行车组织基本方法、作业程序和各行车岗位间作业的基本关系。行车组织规章制度构架如图 5-4 所示。

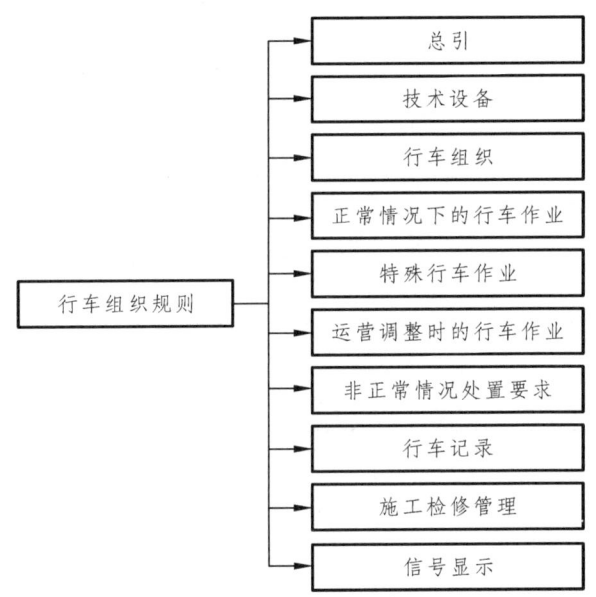

图 5-4　行车组织规章制度构架

四、综合应急预案

综合应急预案是依据《中华人民共和国突发事件应对法》《生产安全事故应急条例》《生产安全事故应急预案管理办法》《生产经营单位生产安全事故应急预案编制导则》《城市轨道交通运营突发事件应急预案编制规范》《国家突发公关事件总体应急预案》《国家城市轨道交通运营突发事件应急预案》国家及地方法律法规、相关政策、上级要求的有关规定，结合运营管理单位运营实际制定的适用于运营管理单位管辖范围各类预警及各级突发事件的响应处置工作的预案。综合应急预案是运营管理单位针对各类突发事件的综合性工作方案，是运营管理单位应对各类突发事件的总体工作程序、措施和应急预案体系的总纲，用于指导运营管理单位突发事件风险防控、应急准备、监测与预警、应急处置与救援以及事后恢复与重建等工作。综合应急预案制度构架如图 5-5 所示。

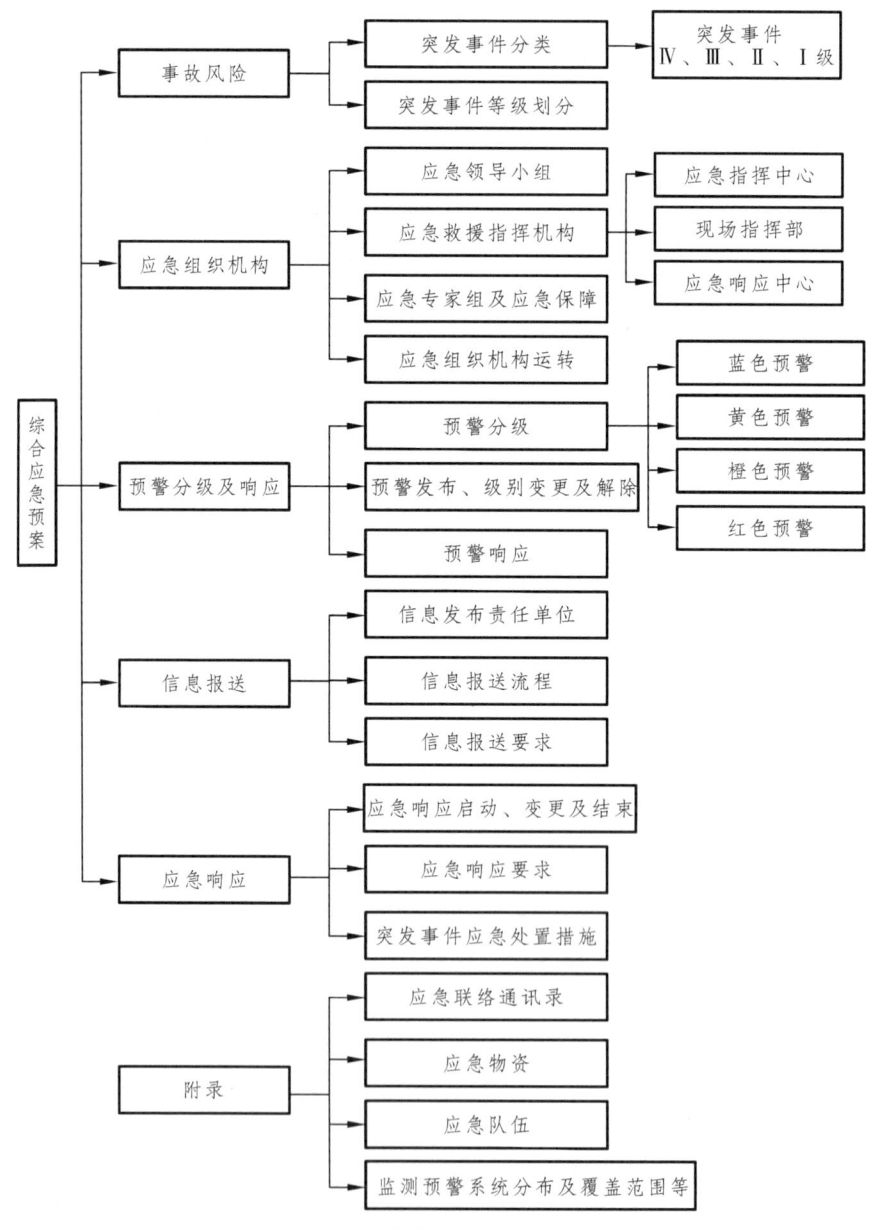

图 5-5 综合应急预案制度构架

第六章 安全与应急

针对有轨电车涉及的行车安全、施工安全、设备安全、消防防汛、网络安全及职业健康构建安全与应急管理体系，主体流程由风险防范、监督检查、应急管理三个部分构成。风险防范重点在于风险管理，定期召开安全生产会议，对公司安全风险辨识情况及风险管控措施弱化、失效、不到位导致出现的隐患进行分析研判，预警预防。监督检查重点在于压实风险责任，每月结合安全检查对风险管控措施执行情况进行监督检查。应急管理对风险防范下仍可能出现的突发事件进行安全补救。

第一节 安全管理

风险管理按照既有风险年度全面辨识、动态风险月度常态辨识及特定领域、特定环节、特定对象风险专项辨识的模式进行，采用风险矩阵法（简称 LS）对各项风险指标开展评估，安全风险等级（R）由风险事件发生的可能性（L）和后果严重程度（S）两个指标决定：$R=L \times S$。风险可能性（L）统一划分为极高、高、中等、低、较低、极低等六个分级标准。后果严重程度（S）统一划分为非常严重、严重、较严重、一般严重、不严重等五个级别。风险等级（R）从高到低依次划分为重大、较大、一般、较小四个等级。

注：结合轨道交通运行特点，针对大客流踩踏风险、列车脱轨相撞风险、地铁保护区结构垮塌风险及防汛消防风险等，其初始风险后果严重程度（S）等级均评估为非常严重。

第二节 重点风险防范

一、风险特征

有轨电车除面临轨道交通共有风险外，还面临着社会车辆违规抢行、行人违规翻越护栏进入轨行区等高输入性风险，因此运营管理单位应重点关注社会人员与列车冲突风险、路口载客列车擦挂相撞风险、车站大客流风险、列车公共安全风险、高危施工人员伤亡风险、接触网停送电或拆挂地线作业人员伤亡风险等六类风险。

二、六类重点风险

（一）社会人员与列车冲突风险

1. 管理管控措施

（1）动态收集翻越点位风险变化，根据风险等级设置司机驾驶限速区段，根据社会行人违规风险制定特殊场景驾驶规范，常态化开展司机安全驾驶培训。

（2）通过每日交班会、班组安全例会等方式传达行人翻越较多点位并随机抽问确保司机掌握到位。

2. 人员管控措施

（1）司机在行车过程中加强瞭望，做好车辆设备状态、信号显示、道岔开通位置、线路情况、社会车辆及行人状况的安全监控，按规定限速或停车，并将现场情况报告行调安全处置。

（2）通过视频检查、ERM 数据检查、添乘检查等方式检查司机限速要求的执行情况。

3. 环境管控措施

全路段宜采用物理隔离方式强化轨行区安全管理，并在轨行区沿线增设标语、横幅、警示牌，协调属地交管封闭低通行量路口。

4. 设备管控措施

列车安装超速防护系统和闯红灯防护系统，实时动态监管人员及设备状况。

（二）路口载客列车擦挂相撞风险

1. 管理管控措施

（1）根据路口、人行横道、区间、会车的环境不安全因素，动态制定特殊场景下的司机驾驶规范，常态化开展司机安全驾驶培训。

（2）与交警共建联络机制，实时监控 CCTV，发现或接报路口社会车辆交通拥堵，造成列车通行困难时，及时组织人员现场引导。

2. 人员管控措施

（1）司机在行车过程中加强瞭望，做好车辆设备状态、信号显示、道岔开通位置、线路情况的安全监控，按规定限速或停车，并将现场情况报告行调进行安全处置。

（2）通过视频检查、ERM 数据检查、添乘检查等方式检查司机限速要求的执行情况，查处违章行为并进行公示。

（3）每日运营前对全线进行轧道车压道检查，发现异常情况上报调度并进行应急处置。

3. 环境管控措施

在全线平交路口安装防撞柱、减速带等物防设施，并对全线路口的首根防撞柱进行增高优化，便于社会车辆安全观察，建立防撞柱、减速带等物防设施实时动态排查清理机制。

4. 设备管控措施

（1）列车安装超速防护系统、闯红灯防护系统，实时动态监管人员及设备状况。

（2）制定车辆检修规程、作业指导书，明确列车检查项点和检修周期，确保检查无漏项、设备状态良好。

（三）车站大客流风险

1. 管理管控措施

（1）针对早晚高峰、节假日等特殊时期细化客运组织方案，明确不同情况下各岗位职责、设备设施配置要求。

（2）涉及节假日、暑运等可预见性大客流，与学校、铁路、汽车站等建立有效联络机制，提前与铁路、汽车站了解客流信息，同时通过学校官方网站等多渠道收集并分析客流信息，根据客流信息细化客运组织方案，安排专业人员现场包保值守。

（3）预想针对可能出现的大客流情况的应急处置，制定预防措施及现场应急处置流程。

2. 人员管控措施

（1）前置开展车站人员或支援人员客运组织技能培训，确保相关人员携带相应备品在关键点位有效开展客运组织工作。

（2）客服专业人员加强 CCTV 监控，发现出入口、站厅、站台、楼扶梯乘客堆积时，及时安排人员引导并设置相应的分流措施。

（3）当车站各关键点位客流到达大客流管控启动时机，现场值守人员及时将信息报送客服中心值班员，启用相应客流控制措施。

3. 设备管控措施

（1）重点关注闸机、扶梯、车门设备状态，导流设施、广播、导向（栏杆、红外广播、客流预警线、流线导向等）纳入日常检查范围，发现设备故障及标识缺损及时维修处理。

（2）车站提前清点车站客服物资，确保车站客服设备状态良好，疏散标识缺失、失效及时进行申领更换或报修。

（3）做好铁马、告示、伸缩栏杆等大客流处置备品位置合理放置和整理工作，确保所有班组知晓具体位置和快速取用方法。

4. 环境管控措施

雨雪冰冻天气，做好车站客服设备防滑措施。

（四）列车公共安全风险

1. 管理管控措施

（1）制定安保管理办法，规范公司属地安保管理及安保委外管理。

（2）制定有轨电车乘客携带违禁物品处理执行标准。

（3）定期组织保安开展反恐防暴技能培训。

（4）与沿线派出所、地铁公安、轨道交通分局建立应急联络机制。

2. 人员管控措施

（1）加强跟车保安执行巡逻巡查，按照"逢疑必查"的原则，加大对可疑物品检查，发现违禁品应及时阻止其乘车；发现易燃、易爆、危险品及可疑物品时立即上报司机、车站人员，有效劝阻乘客采用其他交通方式出行；发现可疑人员时须立即按要求对其进行盘问并上报司机，立即人物分离，介入处理。

（2）配合公安部门对携带违禁品上车的人员进行处理。

（3）通过培训、演练，司机及跟车保安掌握车门不能打开时的应急处置措施，引导乘客采用破窗锤创造逃生通道。

（五）高危施工人员伤亡风险

1. 管理管控措施

（1）制定施工管理制度，明确登高、动火、有限空间施工作业要求，定期组织员工进行培训。

（2）建立不同施工等级旁站人员监护机制。

（3）明确安全交底会、请销点流程。

2. 人员管控措施

（1）施工前利用施工交底会宣贯安全注意事项，要求作业人员正确穿戴好劳保防护用品。

（2）施工负责人、施工旁站人员实时做好施工过程安全监护。

（3）定期对调度专业及施工作业人员开展施工安全培训，掌握风险点。

（4）属地管理单位及业务主管部门须做好施工监控，加强施工巡视，发现异常按突发信息报送流程及时上报。

3. 环境管控措施

（1）针对有限空间作业，严格落实"先通风、再检测、后作业"要求，做好人员安全防护，确保安全。

（2）针对动火作业，做好防风防护，减小风的影响。

（3）施工前应针对恶劣天气提前做好风险评估，遇大风或雨雪天气，严禁高空作业。

（4）施工作业前，根据季节性风险特点对施工人员的安全防护准备进行检查。

4. 设备管控措施

（1）周期性检查有限空间标识情况，储备足够备件，满足掉落、缺失需求。

（2）施工人员需配置适用的劳动保护用品。

（3）涉及登高作业须佩戴状态良好的安全带。

（4）动火作业现场配置合格灭火器。

（六）接触网停送电或拆挂地线作业人员伤亡风险

1. 管理管控措施

（1）制定检修作业指导书及安全工作规程，按照检修周期对设备进行检修，确保设备状态良好。

（2）明确施工组织请点要求及流程。

（3）细化双人确认内容。

（4）调度专业对重点对象、重点部位、重要作业环节开展安全巡查。

2. 人员管控措施

（1）作业前，利用施工交底会宣贯安全注意事项，要求作业人员正确穿戴好劳保防护用品。

（2）作业前，负责人确保作业人员精神状态良好；且未取得上岗证人员不得作业。

（3）施工负责人须做好安全监护，及时提醒危险情况。

（4）调度专业确认具备施工条件后批准施工。

（5）施工请点条件：一是确认施工区域内已无列车通过，线路出清；二是在该区域作业的列车已停稳；三是需要停电的作业区域已停电；四是调试列车作业区域接触网已送电。

（6）调度专业双人确认内容：一是共同确认需停送电或挂地线区域具备条件，复核无误后操作；二是共同确认施工区域，满足条件后批准该项施工作业。

（7）调度专业审核工作双人确认内容：根据施工作业计划、PSCADA 一次图等内容审核关键信息是否正确，同时由值班主任再次审核内容正确性。

3. 设备管控措施

（1）按修程要求做好日常检修。

（2）储备足够备件，确保对问题部件及时进行更换。

（3）OCC 实时监控供电系统，出现系统报警及问题等异常情况及时处置。

三、评价流程

风险评价流程如图 6-1 所示。

四、警示教育

通过风险源展板上墙、场所风险四色图告知、岗位风险明白卡制定三种方式加强员工安全风险警示告知工作。通过结合安全案例深入开展安全风险培训、加强"一事一分析"与风险辨识挂钩管理、强化安全风险责任逐级落实等三种方法不断加强员工安全风险意识培养。

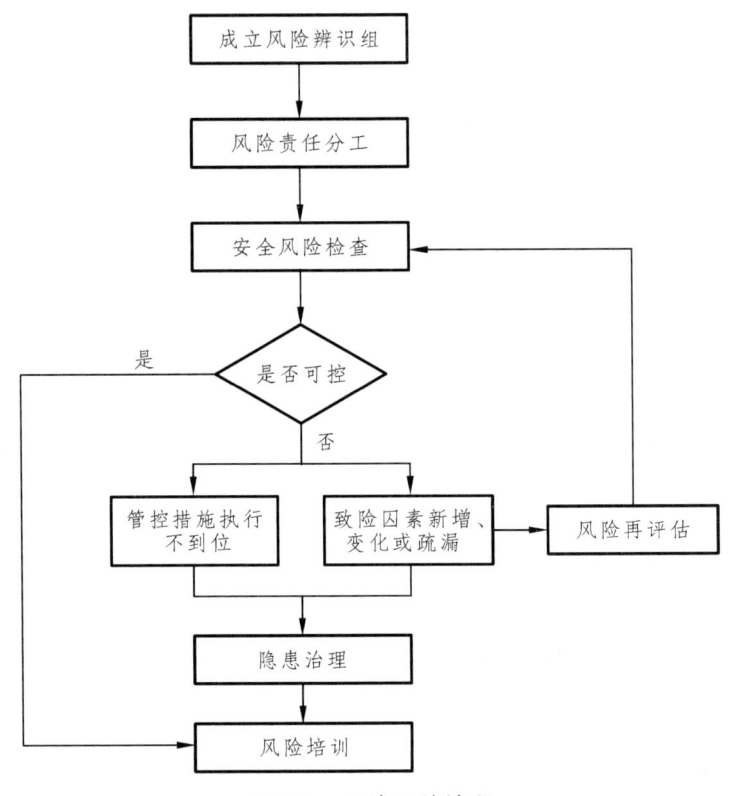

图 6-1 风险评价流程

第三节 监督检查

一、关键指标

(1) 风险辨识频次。

结合"四重三定"检查(四重即"重要对象、重点部位、重点时段和重大危险源范围",三定即"定检查频次、定整改措施、定整改期限"),隐患排查等履职工作开展排险除患,综合反映对安全风险的辨识力度和管理压力传递情况,验证监督检查与安全风险关注度的工作量是否匹配。

(2) 管控措施执行力。

检验一线末端对风险措施的执行效果,管控措施执行力越强,风险转变为隐患的可能性就越小。

（3）致险因素变化率。

每月动态对风险致险因素的可控性及变化情况，以及管控措施有效性及执行情况进行复核，出现新增、变化或疏漏情况及时开展风险再评估，调整风险等级并变更、补强相应管控措施。

（4）隐患暴露整改率。

逐项分析风险管控措施弱化、失效、缺失产生的隐患，按照隐患"三定、四全、五落实"（三定：定时间、定计划、定人员；四全：全员、全过程、全方位、全天候；五落实：落实隐患排查治理责任、措施、资金、时限、预案）的治理原则进行整改销项，隐患暴露整改率越低表明发生事故事件的概率越大。

（5）风险培训力度。

针对月度动态辨识管控情况形成风险清单及培训材料，对基层一线进行风险培训，培训力度越大，风险告知效果越好。培训力度越大，风险告知效果越好。

二、结果运用

每月对风险辨识频次、管控措施执行力、致险因素变化率、隐患暴露整改率、风险培训力度五个关键指标进行监督检查，开展各级风险责任人员的履职排名，分析履职检查存在的不足，督导各级风险责任人员深入一线，提高排险除患的能力。

第四节　正线安全

有轨电车运行在开放环境中，受行人、车辆、照明及天气影响极大，且共用路权的特性在行人、车辆违章的情况下极大地危害有轨电车的安全运行。控制风险，只有从碰撞事故的主体和客体双管齐下，从司机驾驶和环境整治两方面下手，既抓司机主动避险，又抓降低行人、车辆违章概率，才能确保有轨电车正线运行安全。

一、司机安全管理

有轨电车为人工驾驶，乘务司机在运行中肩负瞭望安全、事故及故障处置的重要责任，乘务安全管控是确保有轨电车安全运行的重中之重。

1. 安全教育培训

安全教育培训旨在提升员工技能、强化员工责任意识、转变工作态度、提高专业水平和工作能力，从而达到满足岗位需求，它包括安全理念、安全知识、安全体系、安全文化和安全技能的传递。安全培训是安全生产管理工作中一项十分重要的内容，是帮助企业保护员工生命、提升员工关键职位胜任力、增强员工安全意识和技能的一项重要手段。

2. 合理制定班表

司机驾驶精神状态直接影响着列车的安全运行，司机的疲劳程度与作业时域、工作时长、工作间休、休息时间、轮班模式息息相关，合理选择轮班模式、合理编制司机运行交路直接影响着司机的疲劳程度，进一步影响着列车的运行安全。

3. 驾驶行为监督

有轨电车司机为单司机独立驾驶，人员驾驶行为是安全生产中的重要一环。运营单位要根据列车设备特点及司机驾驶特点，制定司机作业全过程的驾驶标准及作业要求，并形成完备的司机行为操作规范及管理制度，同时要结合制度要求开展全覆盖安全监督检查，可根据线路特点对检查项目及指标进行细化，例如将站台作业、整备作业、区间瞭望等作业进行细分，针对风险较高、违章后危害较大的作业倾斜检查力度、增加检查次数，也可对不同人员作业习惯进行摸排，根据人员特点制定不同要求的检查内容，强化关键人员管理，同时可将作业执行情况与员工收入挂钩，实现奖优罚劣，促使全体员工严格执行作业规范。

4. 安全驾驶要求

有轨电车开放空间、共用路权的特性，导致区间侵入、路口行人、车辆违章现象及恶劣天气影响频发，安全风险极大，可通过碰撞风险场景识别、采取预防性驾驶的方式，保证列车安全运营，以某地有轨电车为例，结合运营生产实际及线路特点识别出 19 种驾驶风险场景，并根据列车制动性能制定推荐驾驶速度，在生产实践中取得了良好效果，列车交通事故发生概率明显下降，本文对部分驾驶风险场景及推荐限速进行摘录，如表 6-1 所示，供读者研究。

表 6-1　驾驶风险场景及推荐限速

驾驶风险场景	推荐限速	说明
路口网格线内有行人、非机动车、机动车缓慢移动或滞留	8 km/h	限速 8 km/h 靠近，谨慎驾驶列车通过，行人、非机动车、机动车侵入车辆限界且无法移动时，路口前果断停车后前往现场处置
路口有大型车辆遮挡视线	8 km/h	1. 路口/人行过街范围内有大型车辆或路口/人行过街停止线排头车辆为大型车辆时。 2. 大型车辆静止：限速 8 km/h 谨慎驾驶越过，车头越过大型车辆，司机确认视线盲区安全后取消限速。 3. 半挂车、重连公交车等超长大型车辆移动时（考虑转弯时存在较大内轮差）：距离大型车辆尾部 5 m，限速 8 km/h 跟随，严禁在距离大型社会车辆 5 m 内行驶，大型社会车辆加速远离车头 10 米及以上时，司机确认视线无遮挡后取消限速或电车前端到达路口另一端时取消限速。 4. 其他种类大型车辆移动时：限速 8 km/h 跟随，不得超过大型车辆尾部，大型社会车辆加速远离车头 5 m 及以上时，司机确认视线无遮挡后取消限速或电车前端到达路口另一端时取消限速
路口遇灯光炫目	15 km/h	1. 车头距路口 40 m 范围、路口范围及路口另一端 40 m 范围内，遇对向车辆灯光眩目，导致瞭望视线不良时。 2. 司机瞭望视线恢复时限速取消或列车车头越过路口另一端 40 m 时
路口倒边运行、打围施工	15 km/h	电车前端到达路口另一端时限速取消

二、运行环境安全管理

（一）运行环境影响安全因素

1. 社会车辆抢行

随着私家车拥有量的急剧增加，因私家车抢路与有轨电车相撞而发生的事故高发。很多社会车辆司机强行通过路口，低估了有轨电车车速，所以容易发生车辆相撞。

2. 行人翻越护栏横穿轨行区

在独立路权区域，行人翻越护栏进入轨行，列车制动不及时，容易引发交通事故。

3. 轨道遭到破坏

有轨电车有专用轨道，但由于线路长、路况复杂，做不到路段的全程监管，因此某些路段轨道可能会遭到人为损坏，这也是造成事故的因素之一。

（二）运行环境治理

1. 专用路权治理

（1）在全线加装护栏，为行人设置一道安全屏障，有效降低专有路权范围行人进入数量。

（2）护栏安装后，定期统计行人翻越护栏高发区域，采取护栏加高、绿植补强等方式进一步降低行人侵入风险。

（3）强化安全标志标识，在全线范围按照国家标准设置各类提醒标识。采用红外对射声光报警等方式，提醒行人禁止翻越。

2. 共用路权治理

（1）梳理非机动车通行量大的路口，通过安装减速带降低社会车辆的通行速度，从而减小交通事故发生的概率。

（2）在全线路口采用强度高、高度高的防撞柱，增加路口通行社会车辆与有轨电车的安全距离，确保路口通行安全。

3. 对外安全教育

主动作为，与沿线社区、学校、工厂建立联系，通过发放告知函、安全宣讲进社区等方式构建外部协防体系，提高线路周边人员安全意识。

三、乘务现场应急处置

（一）信息报送原则

信息报送及时、准确、清楚描述事件概况。应急事件发生后，司机立即将现场信息上报 OCC，严禁瞒报、迟报、漏报。

（二）乘务现场处置方案

乘务专业现场处置方案包含正线行车突发事件、车辆基地行车突发事件、客运突发事件等 11 大项现场应急处置方案，细分为电车故障救援、列车冒进信号、列车站台清客、列车发生交通事故、社会车辆侵入车辆限界且滞留轨行区等 62 项具体应急事件现场处置方案，涵盖列车运营期间可能出现的应急事件，为现场应急处置提供指导。

第五节　应急管理体系

一、应急制度

应急管理制度是有轨电车运营单位应急管理的指导性文件。有轨电车运营涉及多专业、多部门，因其分工、职责不同，须在制度中建立本单位应急管理组织机构，对本单位应急管理进行总体指导、安排、部署。同时，在制度中明确应急预案体系建设、应急点建设、应急抢险队伍建设、应急培训等应急基础管理与准备工作，保障突发事件预防和处置能力。

二、应急值班

应急值班是保障有轨电车各项工作全天候顺利运转，确保突发事件应对处置及时、相关信息报送通畅的重要支撑，有轨电车运营单位应当建立应急值班制度,根据线路特点、运营实际情况,设置应急值守点、配备人员及应急物资。

(一)专业应急值守点应急值班

形成线网规模的有轨电车运营单位,宜按照"站点-区域-基地"三级的应急点结构布设应急值守点,以满足突发事件快速响应到位的要求,其中站点即以控制中心、车站、变电所为一线应急响应点,能够简单处置一般事件;区域即区域应急中心,能够以较为专业的能力处置较大事件;基地一般以车辆段或停车场为基础,能够处置重大、特别重大事件。

(二)应急响应时效

站点值守点的响应范围应能覆盖整个运营线路,原则上宜满足"早晚客流高峰时段 15 min 响应到位、其他运营时段 20 min 响应到位";结合生产实际,站点值守点设置在控制中心、车站、变电所等点位附近,其中通信、信号专业宜在控制中心设置专业应急值守点;信号、轨道专业宜在折返站设置专业应急值守点;同时,各专业应急值守点根据实际情况优化调整点位。

区域应急中心的处置能力宜覆盖 5 km 半径范围内线网,具备救援人员 20 min 内到达事故现场的响应速度,各区域应急中心的处置能力能整体覆盖整个线网。

应急基地的处置能力原则上具备救援人员 30 min 内到达事故现场的响应速度。

三、应急队伍

(一)队伍分类及组建原则

有轨电车运营单位按照"统一指挥、反应迅速、处置高效、合理布局"的原则组建应急抢险队伍。接触网、轨道、车辆专业设备设施故障直接影响行车秩序,宜按专业组建专业应急抢险队伍,负责专业设备、设施故障抢险救援及设备恢复工作;有轨电车半独立路权,路口交通事故频发宜组建综合应急抢险队伍,负责有轨电车控制保护区内发生的自然灾害、交通事故、公共事件、突发大客流等事件的应急处置工作。

（二）队伍管理

有轨电车运营单位应建立应急队伍管理细则，明确管理要求，应急抢险队伍宜每月开展一次培训，内容涵盖应急相关职责、应急预案、应急处置事故救援风险及安全措施等。各应急抢险队伍应制定应急演练计划，宜每半年至少开展一次演练，专业应急抢险队伍应开展符合供电制式、电客车车型、轨道线路实际的故障处置应急演练，综合应急抢险队伍应开展自然灾害、交通事故救援等科目应急演练。

四、应急物资

（一）应急物资体系

有轨电车运营单位应建立应急物资体系，应急物资体系由场段线路基地应急物资库、站区应急物资库、电客车应急物资、场段各专业物资库、场段热备应急物资组成。其中线路基地库、站区应急物资库、电客车应急物资、场段热备应急物资用于应急，场段各专业物资生产兼顾应急，日常用于检修作业。运营单位根据现场实际不断优化自然灾害应急物资储存点位和配送保障方案，特别是汛前梳理强化大型防汛应急救援装备、物资热备。

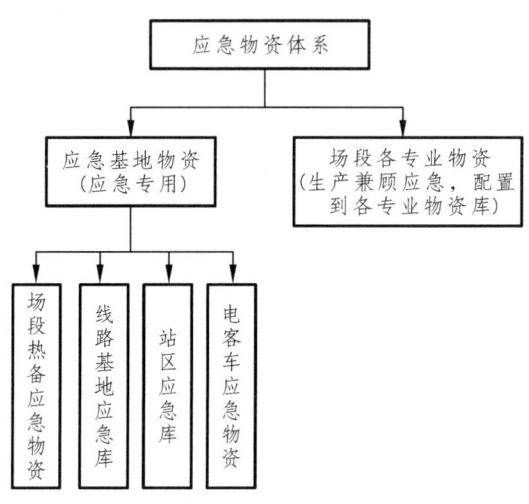

图 6-2　应急物资体系

（二）应急库物资配置标准

有轨电车运营单位应结合线路运营风险，根据不同类别的突发事件或风险源制定设备设施故障、汛灾、低温天气、交通事故处置应急物资配置标准。每年结合应急物资消耗、寿命到期等情况，按照应急物资配置标准申购应急物资，确保应急物资"数量满足、状态可用、型号适用"。线路基地应急库、站区应急库物资配置标准分别见表6-2、表6-3。

表6-2 线路应急基地物资配置标准

线路应急基地			
序号	类别	物资名称	参考配置要求
1	个人防护	安全帽	5个
2		反光背心	5件
3		一次性雨衣	50件（加厚）
4		一次性雨靴	50双（加厚、防滑）
5	防汛物资	防洪挡水板	场段大门、地下场段汽车通道口及出地面疏散通道口配置（高度不低于800 mm、单重不大于30 kg，配套防汛备品柜）
6		防洪沙袋	重点防汛场段1 000个，其他场段500个
7		吸水膨胀袋	重点防汛场段400个，其他场段200个
8		推水器	10个
9		排拖	10把
10		静音手推车	2个
11		便携式潜污泵	2台（重点防汛场段3台），扬程满足抽排需求
12		水带（含接头、卡箍等）	8卷（重点防汛场段12卷），与潜污泵配套

续表

序号	类别	物资名称	参考配置要求
13	防汛物资	水泵抬杠	1 根
14	防汛物资	移动电缆接线盘	2 个（380 V）
15	防汛物资	户外遮雨棚	2 个
16	防汛物资	救灾帐篷	1 顶
17	防汛物资	便携式可伸缩式防洪板	100 个
18	防汛物资	防洪薄膜	3 卷
19	防汛物资	防雨布	3 张
20	防汛物资	八角锤	1 个（带手柄）
21	防汛物资	吹风机	1 个（手提式）
22	防汛物资	吸尘吸水机	2 台
23	防汛物资	自吸增压电泵	2 台
24	防汛物资	引流器	1 个
25	抽水设备	大型移动排水设备	1 套
26	抽水设备	水带（含接头）	配套大型移动排水设备，长度 200 m
27	破拆顶升	破门器	1 个
28	应急照明	全方位泛光灯	1 台
29	防寒物资	融雪剂	75kg
30	防寒物资	配比桶	1 个
31	防寒物资	除冰铲/铁锹	12 把
32	防寒物资	橡胶锤	6 把
33	防寒物资	扫帚	10 把
34	交通事故处置	杠杆式移车器	1 套（4 个）
35	交通事故处置	卧式千斤顶	2 台
36	交通事故处置	轮胎扳手	2 个
37	交通事故处置	工具箱	1 个
38	交通事故处置	拖车绳	2 根
39	交通事故处置	U 形吊环	2 个

表 6-3 站区应急库物资配置标准

站区应急库			
序号	类别	名称	参考配置要求
1	个人防护	一次性雨衣	80 件（加厚）
2		一次性雨靴	80 双（加厚、防滑）
3	防汛物资	吸尘吸水机	2 台
4		自吸增压电泵	2 台
5		便携式潜污泵	1 台，扬程满足抽排需求
6		水带（含接头、卡箍等）	4 卷，与潜污泵配套
7		移动电缆接线盘	3 个（2 个 220 V，1 个 380 V）
8		水泵抬杠	1 根
9		移动式可伸缩式防洪板	60 个
10		吸水膨胀袋	500 个
11		推水器	5 个
12		排拖	9 把
13		户外遮雨棚	2 个
14		防洪薄膜	2 卷
15		防雨布	1 张
16		水瓢	4 个
17		水桶	2 个
18		静音手推车	4 个
19	破拆顶升	破门器	1 个
20		圆头锤	1 个
21		钢扁凿	1 个
22		钢尖凿	1 个
23		六角撬棍	4 根
24		救援气囊	1 套
25	打孔切割	电钻	1 套
26		角磨机	1 台
27		角磨片	5 片

续表

序号	类别	名称	参考配置要求
28	其他	钢锯架	2 把
29		钢锯条	1 盒
30		试电笔	1 把
31		防水绝缘胶带	2 卷
32		断线钳	1 把
33		内六角扳手组套	1 套
34		尼龙绳	1 卷（不少于 50 m）

五、应急信息管理

（一）应急信息分类分级

有轨电车运营单位应建立应急信息发布管理制度，规范信息发布工作。应根据事件属性、影响程度、报送对象，对生产应急信息进行分级、分类，及时、准确向各层级管理人员及生产人员、外部支援单位、乘客等传递相关运营信息，为运营单位生产工作决策、部署提供信息支持。

（二）应急生产信息报送原则

信息报送总体上遵从"信息全报、分级处理"的要求，报送过程中坚持"首报要快、核报要实、续报要准、终报要全"以及"边处置边报告、边核实边报告"的原则；短信发布遵循"速报现象、慎报原因、后续补充"的原则；电话报告遵循"简明扼要、迅速准确、逐级上报"的原则。

第六节 应急预案

一、应急预案体系

根据国家、省、市应急救援相关制度、预案要求，并结合各专业风险评估、资源调查结果，运营管理单位结合有轨电车线路场景、运营生产实际建立三级应急预案体系，同时编制一场（段）一预案、大货车在有轨电车线路倾覆应急预案、场段防汛应急处置方案、极端洪涝灾害应急预案、故障处置指南等作为辅助补充预案。应急预案体系如图 6-3 所示。

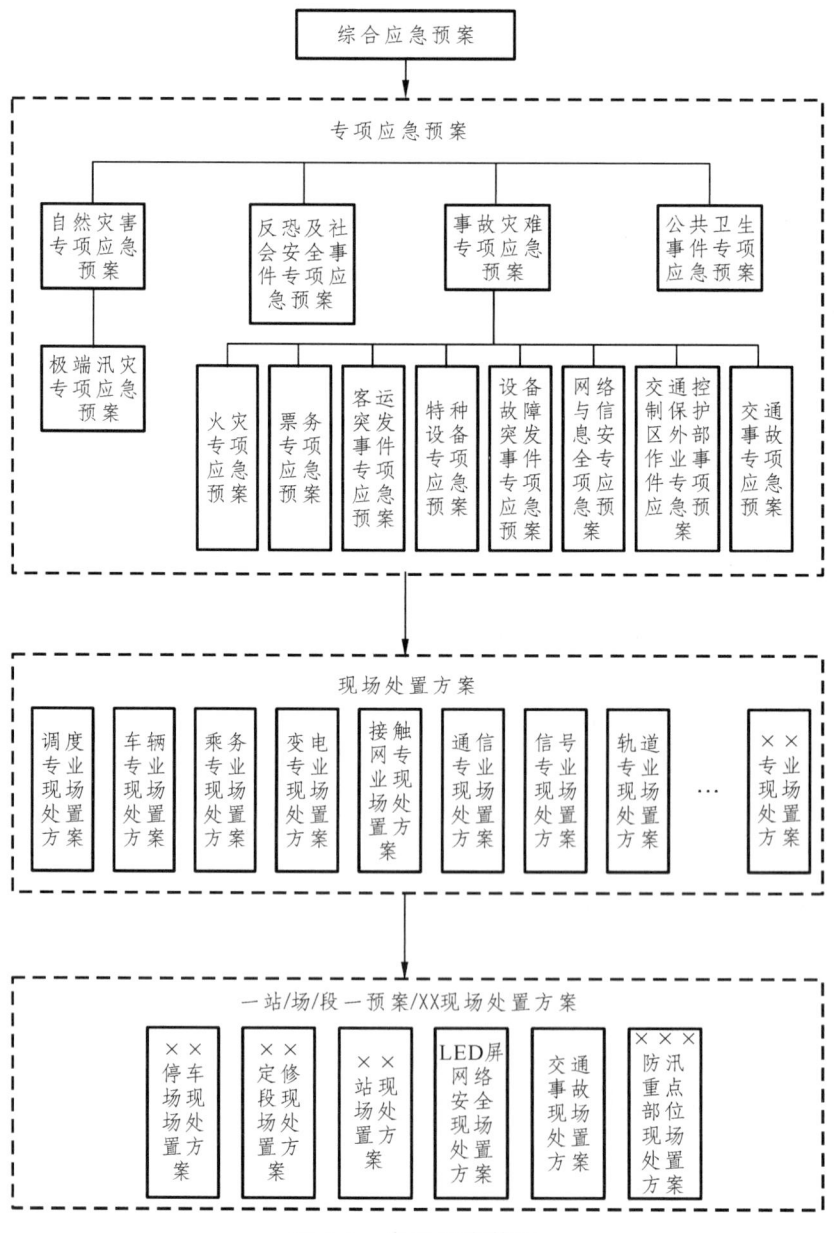

图 6-3　应急预案体系

（一）综合应急预案

综合应急预案是有轨电车运营管理单位开展应急处置的总纲，用于指导各类突发事件应急响应、监测与预警、应急处置与救援以及事后恢复与重建等工作。同时，对突发事件进行分级，明确不同层级的突发事件应急响应要求、应急组织机构职责及运转机制，侧重在应急救援活动的组织协调，从总体上阐述事故的应急方针，是应对各类突发事件的综合性文件。

（二）专项应急预案

在有轨电车线路各类场景下，根据不同类别的突发事件、危险源而制定的专项应急预案，分为行车、客运、设备故障、火灾、汛灾、自然灾害、公共卫生、票务、控制保护区、特种设备、网络与信息安全、反恐及社会安全事件、交通事故等类别。专项应急预案与综合应急预案衔接，明确各部门、车间应急处置措施，达到调动应急资源，快速、有序地组织应急处置。

（三）现场处置方案

有轨电车半独立路权，在道路红线内行驶，司机采取"目视驾驶"，针对路口交通事故、轨行区异物、区间积水等外部输入风险，在专项应急预案的基础上，按专业岗位制定了调度、乘务、车辆、机电、通信、信号、变电、接触网、轨道、交通事故、网络安全等现场处置方案，指导一线员工应急处置。

二、应急预案管理

（一）应急预案编制要求

应急预案的编制应当遵循以人为本、依法依规、符合实际、注重实效的原则，以应急处置为核心，明确应急职责、规范应急程序、细化保障措施。应急预案编制前，编制单位应当进行事故风险辨识、评估和应急资源调查。

事故风险辨识、评估，是指针对不同事故种类及特点，识别存在的危险危害因素，分析事故可能产生的直接后果以及次生、衍生后果，评估各种后果的危害程度和影响范围，提出防范和控制事故风险措施。

应急资源调查，是指全面调查本地区、本单位第一时间可以调用的应急资源状况和合作区域内可以请求援助的应急资源状况，并结合事故风险辨识评估结论，制定应急措施。

（二）预案评审、签发、备案

应急预案编制完成后，有轨电车运营管理单位应当组织专家评审，主要对预案基本要素的完整性、组织体系的合理性、应急处置程序和措施的针对性、应急保障措施的可行性、应急预案的衔接性等内容进行评审，并形成书面评审纪要。参加应急预案评审的人员应当包括有关安全生产及应急管理方面的专家。

综合应急预案、专项应急预案、现场处置方案、辅助补充预案由有轨电车运营管理主要负责人签发。

应急预案发布之日起 20 个工作日内，应向应急管理局、上级行业主管部门备案，申报应急预案备案。

（三）预案评估及修订

有轨电车运营管理单位应当每三年进行一次应急预案评估，对预案内容的针对性和实用性进行分析，并对应急预案是否需要修订做出结论。

出现下列情况之一的，须对相关应急预案进行修订。

（1）依据的法律法规、规章、标准及上位预案中的有关规定发生重大变化的；

（2）应急指挥机构及其职责发生调整的；

（3）安全生产面临的风险发生重大变化的；

（4）重要应急资源发生重大变化的；

（5）在预案演练或者应急救援中发现需要修订预案的重大问题的；

（6）因组织构架调整导致隶属关系、业务关系、负责人等发生变化的；

（7）其他应当修订的情形。

第七节　应急演练

一、应急演练分类、分级

应急演练从演练级别、预案类型、计划类型、演练形式四个方面分类。

各级演练均以检验预案、锻炼队伍、磨合机制为基本任务，确保全覆盖各级预案。

（1）按演练级别分为公司级演练、车间级演练、班组级演练。

（2）按预案类型分为综合应急预案演练、专项应急预案演练、现场处置方案演练。综合应急预案演练每半年至少开展一次，专项应急预案内容每三年至少演练一次，每个班组每年应将本专业相关的现场处置方案至少全部演练一次。

（3）按计划类型分为计划内演练、计划外演练，其中计划内演练包括年度计划内演练、新线筹备期演练等，其余演练均为计划外演练。

（4）按演练形式分为实战演练、桌面推演、桌面推演+实战演练、双盲演练，其中实战演练比例不得低于70%。

二、演练组织与实施

演练组织与实施流程包括明确演练目的、组建演练机构、分析演练风险、落实保障措施、编写演练方案、组织演练评估、问题整改等内容。有轨电车运营管理单位可利用运营结束、通勤车、巡检和检修计划、试车线、实训列车、新线筹备等条件开展列车火灾、车站火灾、车门故障、接触网类故障、轨道类故障、列车脱轨等一线人员实操应急演练。

三、演练评估

演练完成后，有轨电车运营管理单位应开展演练评估并编写评估报告，对演练准备是否充分、应急预案是否科学适用、多专业联动是否高效、人员操作是否熟练、参演人员是否掌握预案、应急物资保障是否满足需求进行评估。通过演练修订应急预案，确保应急预案适用、简洁、可执行。

第七章 行车管理

有轨电车路权形式一般可划分为三种：完全独立路权，即有轨电车在路段上独享车道，在交叉路口路权立交化，以此来保证现代有轨电车在路段的高速、安全运行；半独立路权，即有轨电车沿线线路拥有与其他交通方式的物理隔离措施（如路缘石或栅栏等），而在交叉路口处采用与道路平交的方式；混行路权，即线路上除了现代有轨电车运行之外，其他交通方式也运行于现代有轨电车的车道之上。其中半独立路权形式在现代有轨电车系统中使用最为普遍，在半独立路权的运行环境下，行车组织与传统地铁线路存在较大差异，列车的安全可靠运行主要由司机人工驾驶进行保障。本章重点介绍有轨电车线路行车组织机构、运营人员职责及各类情况的行车组织要求。

第一节 总体要求

一、行车基准

有轨电车行车组织工作，要坚持安全生产方针，贯彻高度集中、统一指挥、逐级负责的原则，发扬协作精神，充分体现联动作用，紧密联系、协同动作，实现安全、准点、舒适、快捷的运营目标。

1. 列车运行图

列车运行图是有轨电车线路行车组织工作的基础，日常运行计划应由列车运行图体现，有轨电车行车各单位必须根据列车运行图的规定开展本单位的运营生产工作，保证运行计划的实现。

列车运行图规定了列车运行交路、各次列车在车辆段和每个车站的到达和出发（或通过）时刻、列车折返时间、列车在区间运行时间及在车站停站时间等。相较于铁路、地铁，有轨电车线路受司机人工驾驶习惯及社会交通、路口、弯道等环境因素影响更为明显，运行图编制过程中应充分考虑各个因素对于列车实际运行时刻的影响，尽可能匹配计划运行图与实际运行情况，同时后期根据司机驾驶技能提升情况、线路条件变化等不断对运行图参数进行修正完善，蓉2号线列车运行图见图7-1。

2. 调度指挥

有轨电车线路调度指挥架构由上至下应分为线网监控级（如有）、线路控制级、现场执行级，其中线网监控级（COCC）负责监控线网运行状态、统筹线网运营生产、指挥应急情况下线网列车运行调整，以及对外联络协调；线路控制级（OCC）负责本线路的运营状态监控、运行调整和应急指挥；现场执行级（DCC、委外调度室、司机）负责具体执行行车计划及应急处置。

3. 列车运行

在半独立路权运行环境下，有轨电车线路采用司机目视人工驾驶模式。正常情况下，司机凭信号机显示的允许信号或调度命令行车，在平交路口遵循专用信号机为主、社会交通灯为辅的行车原则；特殊情况下，混合车道凭交警现场指挥行车。

有轨电车司机应具备电车操纵、故障处置的职能。列车正常开行过程中，司机负责瞭望线路、操作列车相关设备、按规定速度驾驶，调度员负责对全线路列车运行秩序进行盯控，确保列车按时刻表正点运行；故障情况下，司机负责车辆相关故障的判断及处理，调度员负责根据故障情况对线路列车运行方式进行调整，最大限度减小故障对运行秩序的影响。

4. 平交路口社会交通灯

根据相关理论计算，有轨电车在交叉口受社会交通灯影响是列车运行延误的主要因素之一。所以要充分研究路口社会交通灯的配时方案，确保有轨电车自身安全、高效运营，同时有效疏通社会道路交通和提升通行效率。

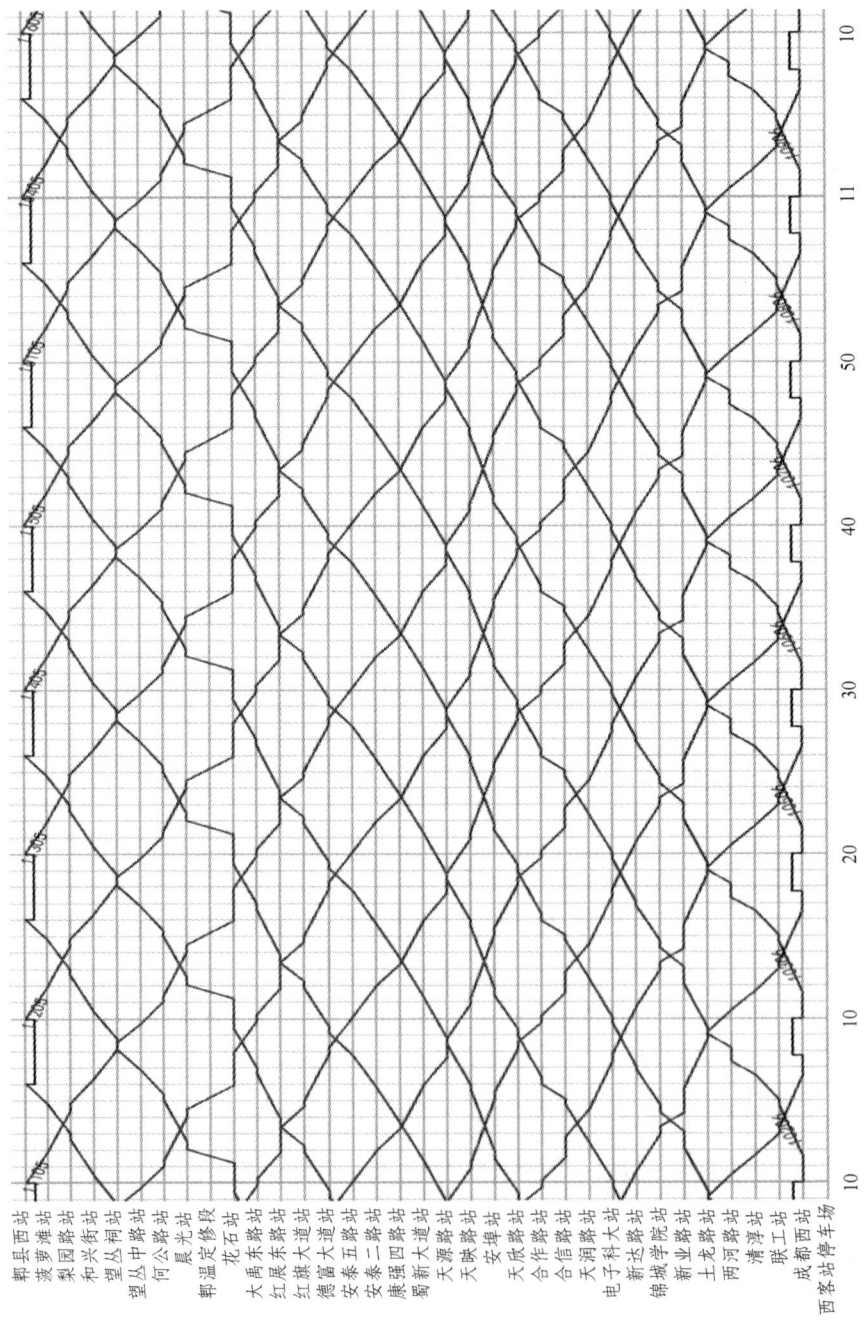

图 7-1 蓉 2 号线列车运行图

有轨电车沿线路口相位及相序设置应统筹考虑各交叉口的几何特征、交通管控措施（禁左、禁止掉头等）以及交叉口渠化等因素，结合各种交通参与者在运行特征上的差异，同时兼顾机动车流、非机动车流及行人交通流等。确定相位及相序后，信号轮转周期和绿信比是单交叉口配时的两个主要参数。其中，最佳周期是基于交叉口车均延误最小的原则来确定的，绿信比则根据各个相位的车流量来分配。有轨电车参与道路交通后，由于其车长、加减速特性较社会车辆有明显的不同，因此，需根据电车的特性，进行有针对性的最小绿灯时间设置，最小绿灯时间需综合考虑车辆加减速特性、优先策略、车站布设位置等因素，并且根据实际交通情况和运营经验实时调整，以保证电车高效通过并安全出清路口。

二、OCC 职责

（一）行车调度职责

（1）根据列车运行图监视列车运行及设备运转状况，及时准确下达控制命令并做好相关记录。

（2）按照《施工行车通告》，组织工程车开行，合理安排施工作业。

（3）传达上级有关运营工作的指令，发布调度命令，布置、检查、落实行车工作计划，确保行车工作顺利进行。

（4）处理运营中出现的各类事件，及时调整列车运行，尽快恢复正常运行秩序，尽量减少影响。

（5）服从值班主任指挥，与设备调度配合，共同完成行车和施工组织工作。

（二）设备调度职责

（1）负责通过综合监控工作站监控调度管辖范围内设备的运行状况。

（2）负责监视供电、防灾系统的报警信息，确保报警及时被确认，并采取相应措施。

（3）负责向各部门了解生产、故障处理情况以及下达抢修、抢险命令。

（4）负责除车辆专业设备以外，影响正线行车以及大面积客运服务质量的设备、设施故障维修组织的统一指挥，协调监督并做好故障记录。

（5）负责正线所有专业抢修、抢险应急组织及指挥。

（6）负责管辖线路范围内信息通报，包括在短信平台、企业微信平台以及微博平台信息的发布。

（7）负责对管辖线路内客流量进行实时监控，掌握客流变化情况，及时收集所辖线路客流组织措施。

（三）值班主任职责

（1）负责牵头调度指挥工作及日常管理工作。

（2）及时传达和贯彻领导指示和指令，并及时跟踪反馈落实情况。

（3）监督检查生产设备的检修、使用和运转情况，并且监督落实其整改、完成情况。

（4）负责代表 OCC 与其他外部门、中心之间工作上的协调。

（5）收集各种生产信息，并进行整理、汇总、分析，针对问题及时提出整改意见。

（6）参与重大事故处理，协调处理突发事件的应急救援工作。

（7）负责向各层级汇报工作，提供情况。

三、DCC 职责

（一）车场调度职责

（1）负责场段范围内的行车组织、施工检修管理、联勤管理、属地管理等工作。

（2）负责本班运营组织工作，服从 OCC 调度指挥，执行相关命令。合理利用场段股道及技术设备，根据列车运行图、《车辆检修计划》编制收发车计划及调车计划。根据施工计划和调度命令，组织调试车、公铁两用车及救援车的开行。监督、协调、组织场段内的施工检修作业，审核、批准节假日及办公时间以外的临时补修计划。

（3）巡视、检查本班工作中的各项设备、设施状况，发现故障及异常情况及时处理和报告。

（4）协调、指挥场段内应急抢险、非正常行车、设备抢修等工作，确保正常运营和安全生产。

（5）及时汇报、传达生产信息和运作情况及要求。

（6）负责司机出退勤、叫班作业及上级指令、指示、行车注意事项的传达，行车备品的发放。

（二）信号楼值班员职责

（1）对场段行车组织工作负责，按有关规定操作和监控行车设备。正确使用和保养行车设备及其他电器设备，保管好用品、备品，认真执行交接班制度。

（2）负责监控本班工作中的各项设备、设施状况，发现故障及异常情况及时上报。严格按照巡视要求执行巡视任务，巡视过程中发生设备故障等其他特殊情况时及时向车场调度汇报。

（3）发生异常情况，及时按有关预案处理和上报。

（4）负责记录本班重要情况、交接班事项和其他按要求需要记录的内容。

（5）协助车场调度进行司机出退勤、叫班作业及上级指令、指示、行车注意事项的传达，行车备品的发放等工作。

（6）应急情况下，车场调度需达到现场时，全权接替车场调度进行信息汇报、人员组织的工作。

四、乘务职责

（一）电车司机职责

（1）负责电车驾驶，并根据列车运行图安全、准点完成各项驾驶任务。

（2）根据限速要求、行车指令、信号显示运行，严禁臆测行车。

（3）发生列车故障时，果断、迅速、有效地进行处置，同时上报行车调度。

（4）驾驶过程中遇影响行车安全、人身安全等情况及时采取有效措施，消除安全隐患。

（5）按照各级应急突发处置预案和相关规定，处置各类突发事件。

（二）班组管理人员职责

（1）负责运营期间的日常检查及非正常行车下的人员组织、应急卡控。

（2）根据当日重点风险隐患进行传达及行车安全提示。

（3）按照各级应急突发处置预案和相关规定，前往现场进行支援，协助处置各类突发事件。

（4）负责线路周边风险隐患排查，必要时前往现场进行安全卡控。

第二节　正线行车组织

一、正常行车组织

（一）运营前检查

检查当晚影响行车的所有施工已销点，线路出清。检查接触网供电状态。检查 DMS、定修段联锁设备确认满足运营条件，含进路和道岔功能、信号优先模式、时刻表装载无误；行车设备、备品齐全、良好；核对当日列车运行图、中央时钟时间以及列车准备情况。

（二）轧道车作业

轧道车应限速 40 km/h 运行，特殊情况按行车调度指示办理。

（三）首末班车开行

行车调度严格按照列车运行图的要求组织首、末班车正点运行，不得越站。

（四）列车日常运营

采用司机目视人工驾驶模式，由司机自行控制与前车的安全距离，行车调度做好全线列车的间隔控制。列车正线运行时原则上应与前行电车保持 200 m 以上距离，如遇特殊情况须报行调同意后驶入，距离前车 60 m、

40 m、20 m 时分别按照限速 8 km/h、限速 5 km/h、限速 3 km/h 执行。遇节假日、重大活动以及特殊情况时，OCC 可根据客流及行车组织需求，改变列车运行交路和运行方向。

（五）运营结束

根据列车运行图要求及时组织列车回段（场）；临时回场列车回段（场）前与车场调度确认车场是否具备接车条件。

二、非正常行车组织

（一）临时加开或停开列车

运营期间需加开备用车调整正线列车运行秩序时，由行车调度向车场调度发布口头加开指令。车场调度接令后需在 30 min 内将备用车加开至出场（段）信号机前待令，若电车处于热备状态，需在 10 min 内将备用车加开至出场（段）信号机前待令。

（二）列车多停、限速、晚发

扣车按照"谁扣谁放"的原则操作。因运营调整、区间堵塞或列车救援等突发情况，行车调度需及时采取扣车措施，先通知司机在后方相应车站待令，然后在 DMS 上执行扣车操作。其他工作人员发现异常需拦停列车或执行调度命令需扣停列车时，应及时使用手/灯信号表示停车信号，并通过无线手持台要求司机停车。

（三）列车不停站通过

因运营调整需要或车站不具备乘客安全乘降条件，应组织列车不停站通过。不影响后续列车正点运行或折返后能够正点始发的晚点列车，原则上不得通过。首、末班车或乘客无返乘条件的列车，不得通过。不准同方向两列及以上客运列车在同一车站连续通过。列车不停站通过须得到行调命令，由 OCC 提前做好车站乘客广播。

(四)列车中途清客

因设备故障等原因,列车迫停区间,预计停车超过 10 min,有乘客强烈要求下车时,司机打开运行方向右侧第一个车门,由列车巡查员引导乘客至安全地段;预计 30 min 内无法运行时,经有轨电车公司总经理同意后,组织区间清客。列车发生火灾、爆炸、毒气攻击等危及生命安全的事故,突发紧急状况司机无法判定情况时,按照"就地停车、开门疏散、报警自救"的原则妥善处置。清客流程如图 7-2 所示。区间清客时,行车调度应发布区间清客命令,及时扣停后续及邻线列车,乘客在列车巡查员的引导下,执行区间清客程序;如出现危及生命安全的紧急情况时,司机可立即组织区间清客并报告行车调度,行车调度接报后立即扣停后续及邻线列车。

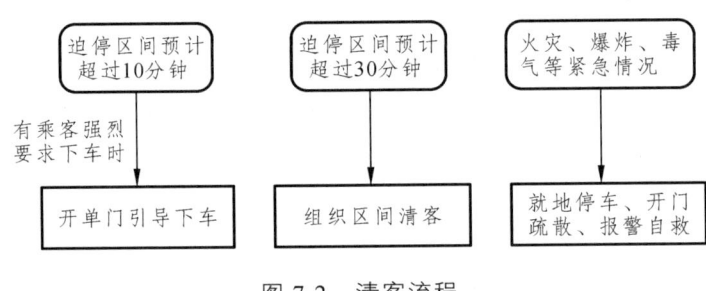

图 7-2　清客流程

(五)列车后退对标

电车在站越过对位标造成乘客乘降困难时,原则上应退回。列车在本交路终点站越过对位标时,必须退回。末班车或乘客无返程条件的列车越过对位标时,必须退回。司机须报告行车调度并征得同意后,方可退回。行车调度与司机确认列车后退对标条件,发布允许后退对标的口头指示。接到后退对标的口头指示后,司机换端至退行方向驾驶端,驾驶列车退回至站台规定停车位置。退回列车在车站发车前,司机应报告行车调度。当不具备后退条件时,行车调度视情况组织司机继续运行。司机严禁擅自后退对标。

(六)列车反向运行

载客列车原则上不得反向运行,当特殊情况必须反向运行时,须征得相应权限领导的许可,在保证安全的条件下方准进行。反向运行前,行车调度应确认进路空闲,进路准备妥当后方可指挥列车反向运行。反向运行时,严禁对向列车进入该反向运行的区域,行车调度实施扣车措施,确保行车安全。司机应加强瞭望,认真确认线路、信号、路口情况,根据调度命令及所经区段的限速要求运行。在区间一个方向发生自然灾害、事故中断行车,以及设备故障严重影响列车运行秩序而对向设备良好的特殊情况下,为维持线路运行,行车调度可在对向线路组织单线双向行车。

(七)列车小交路运行

特殊情况下,预计正线部分列车运行间隔超过图定间隔两倍及以上时,行车调度视情况可组织小交路运行,调整正线列车间隔。

(八)列车救援

行调向有关人员发布开行救援列车的命令,前往救援的列车凭行调命令进入救援区段;已申请救援的列车严禁动车,司机应做好防护及救援准备工作;若故障列车位于路口或救援连挂时占用路口,则组织救援列车运行至该路口专用信号机外方停车,听候救援负责人指挥;若故障列车位于交叉路口需救援时,应组织人员进行防护,并请求交警到现场维持交通秩序;故障列车原则上采用就地清客,人员疏散方向为就近车站或路口;救援列车原则上在就近车站或路口清客后空车前往救援。列车救援流程如图7-3所示。

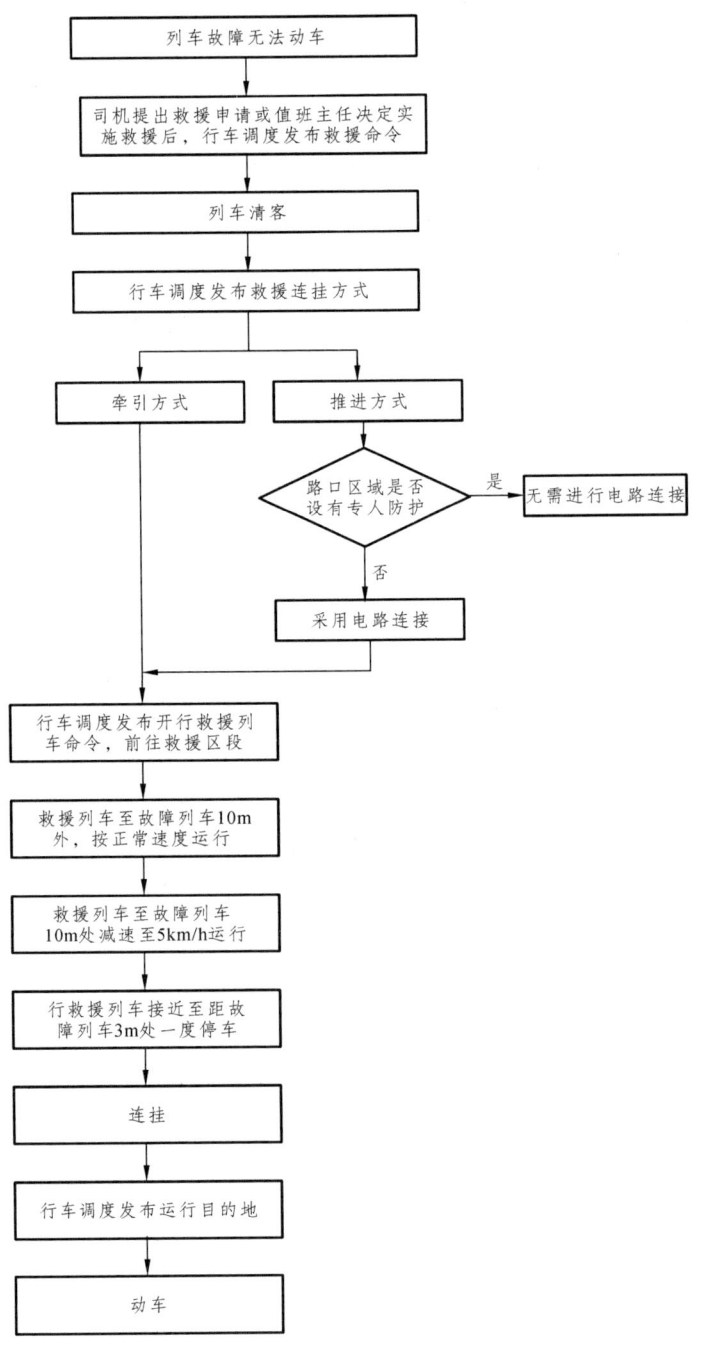

图 7-3 列车救援流程

第三节　场段行车组织

一、场段正常行车

原则上停车场日常运作由车场调度统一指挥，各级调度根据各自职责、任务独立开展工作，并服从车场调度的统一指挥和调配。车场场调可与其他岗位进行岗位融合，车场场调岗位职责可由融合岗位执行。

（一）入库作业

（1）信号楼值班员组织无网股道接入电车时，应提醒司机降弓入库。

（2）司机在"降弓入库"标志前手指口呼对标停车，确认降弓到位后，司机下车手指口呼确认降弓正常，在车下通过 1.8 GHz 报信号楼值班员。

（3）信号楼值班员通过 CCTV 确认降弓正常后，与司机联控。

（4）司机复诵信号楼值班员调令后，方可上车继续运行。

（二）出库作业

（1）信号楼值班员组织无网股道电车出库时，发布运行路径调令的同时，应提醒司机注意降弓出库。

（2）司机在库门前一度停车，确认降弓到位。下车确认库门开启，手指口呼确认降弓正常，在车下通过 1.8 GHz 报行调降弓正常。

（3）信号楼值班员通过 CCTV 确认降弓正常后，与司机联控降弓正常。

（4）司机得到信号楼值班员回复后，方可上车继续运行。

（5）司机运行至"升受电弓"标志前手指口呼对标停车，断开超级电容、升受电弓，确认升弓正常、网压正常时，可判定为受电弓升弓到位，方可继续运行。

（三）洗车作业

信号楼值班员负责与洗车机操作员信息沟通，安排洗车进路的开放，洗车机操作员与司机之间的信息沟通通过信号楼值班员进行传递。

电车司机严格按照列车清洗机的洗车工作流程进行作业，司机与洗车机操作员之间的信息沟通通过信号楼值班员进行传递。

（四）调车程序

（1）调车作业前司机与车场调度核对调车作业计划。

（2）司机确认股道、车底号正确，整备作业后方可进行调车作业。

（3）车辆状态发生变化、调车过程中发现异常情况时，及时报告车场调度，听从车场调度指挥。

（五）试车线调试作业

（1）电车需在试车线进行调试时，调试负责人应及时向行车调度汇报调试方案，由行车调度通知司机采取安全措施。

（2）调试前，电车须停在试车线信号机内方，向行车调度申请封锁试车线后，方可进行调试作业。在试车线调试前或调试中途停车超过 2 h 重新进行调试，须进行轧道。

（3）试车线调试限速 30 km/h，试车线轧道限速 10 km/h。

（4）调试作业，必须有胜任的调试负责人监控车辆状态及作业安全。电车在试车线调试前，应按规定对车辆制动系统进行检查、试验且作用良好。

（5）电车在试车线调试时，应在运行前方司机室操纵，按规定速度运行，原则上严禁退行。遇调试内容需退行时，确认线路、信号、道岔正确后，按照调试负责人指示动车。

二、场段非正常行车

（一）列车进路无法正常排列

接发列车进路无法正常排列时，经车场调度同意，采取单操单锁道岔的方式排列接发列车进路。发车时，列车凭信号楼值班员的发车通知或手信号动车；接车时，列车凭引导手信号或信号楼值班员的动车通知动车。

（二）人工准备进路

现场由信号楼值班员担任扳道长，调车司机或其他胜任人员担任扳道员，严格执行双人确认制度。现场人工准备进路办理接发列车作业时，停止调车作业。

（三）天气不良时接发列车

遇暴风雨雪、大雾天气接发列车时，车场调度应及时与行车调度商定列车放行条件，严禁盲目放行列车，情况不明时"宁可错停，不可错放"，以确保列车运行的绝对安全。

列车应按规定的限速运行，司机加强瞭望，遇线路水淹、障碍物、路基下陷等危及行车安全的情况时，应立即停车，报车场调度或信号楼值班员。

第八章 设备维保管理

第一节　设备维护管理

有轨电车设备包含车辆、车辆段设备、信号、通信等十二个专业，按专业开展设备检修维护工作。维修模式结合系统设备特性和运营状况、技术力量，灵活采取适用性和维修性强的多种维修模式相结合的方式来组织生产。

一、维保体系要点

（一）主要设备简述及维护要点

1. 车　辆

1）超级电容

车辆宜配套设置超级电容系统，列车通过电容放电支持列车通过无接触网区域。超级电容的使用寿命不小于十年，超级电容定期通过在线系统远程检查总电压、单体电压，每年进行电容子节点年度保养，整体箱体每十年完成一轮更换。

2）撒砂系统维护

因轮缘润滑、降雨、绿植等因素易导致车轮打滑影响牵引和制动性能，车辆设置了撒砂系统，通过向轮轨接触面喷洒石英砂的方式增大轮轨间摩擦力，优化轮轨动力学关系。车辆专业须每日检查剩余砂量，结合列检进行加砂作业，确认撒砂口无堵塞，保障撒砂效果优良。

2. 信　号

1）路口优先控制柜

有轨电车线路宜设置路口优先控制柜设备，路口优先控制柜是保证平交路口行车安全、提高有轨电车通行效率的重要设备，具有有轨电车优先权管理、系统信息传递、故障报警以及实现必要的与内部、外部系统接口的功能。路口控制柜采用具有防腐、防水、防尘等性能的材料制成的密封型箱，电缆通过夹紧的密封管进入设备机柜。路口优先控制柜设备维护应对设备的运行状态、设备外表进行检查测试，并结合周期性对路口优先功能进行全覆盖测试。

2）正线道岔控制柜

有轨电车线路设置正线道岔控制柜设备，正线道岔控制柜能在规定的联锁条件和规定的时序下对进路、信号机（进路表示器）和道岔实行控制，确保进路上区段、道岔、信号机（进路表示器）之间的安全联锁。联锁系统采用"二乘二取二"的系统结构，软、硬件设计符合"故障-安全"原则，并具备冗余措施，其安全性及可靠性较高。正线控制柜设备维护应对设备的运行状态、设备外表进行检查测试，并结合周期性对联锁功能进行全覆盖测试。由于露天机柜高温影响，设备宜实现远程监测机柜温度的功能，在高温季节定期开展机柜温度远程监测。

3．通　信

1）骨干网

以工业级交换机为核心，加以光缆网线等传输介质，组成了稳定可靠的骨干网系统。除为通信专业十余个子系统提供稳定的传输通道外，骨干网系统也为其他系统如信号系统、票务系统、供电系统等提供可靠的、冗余的、可重构的、灵活的信道。骨干网设备的维护应结合周期性检修，对核心设备交换机的运行状态进行查看，对设备外表进行清洁和进行全方位测试及数据备份。对室外光缆的安装稳固性、备用通道状态开展检查。

2）无线系统设备

通过以骨干网为传输媒介，通过在各变电所部署 BBU、RRU 和天线，通过特定 1.8 GHz 频段组成了通信无线系统。无线系统具备为固定用户提供稳定可靠的实时通信的功能，同时是车辆设备和中心设备的传输媒介。在有效保障人员作业效率的同时也极大地提高了行车安全。无线系统的维护应结合周期性检修，对无线核心网的运行状态进行查看，对设备外表进行清洁和进行全方位测试及数据备份。对室外 RRU 及天线的安装稳固性和防水状况开展检查。

4. 供　电

1) 继电保护装置

有轨电车供电系统中继电保护装置是对系统发生的故障或异常情况进行检测，从而发出报警信号或直接将故障部分隔离、切除的一种重要措施，是远控命令的末端执行者。作为供电系统的重要组成部分，继电保护装置维护主要包括保护采样测试、保护功能验证、开关传动测试、端子排紧固、光纤功能检测等，以此确保装置的可靠性、选择性、灵敏性和速动性。

2) 750 V 开关柜

有轨电车供电系统中 750 V 开关柜主要作用是将整流器输出的直流 750 V 牵引电送到接触网，为经行列车提供牵引供电，正常情况接触网单个供电分区由相邻两个变电所 750 V 开关柜双边供电，当单所供电设备故障退出运行时，可通过调整接触网为越区供电或单边供电的方式保障列车通行。750 V 开关柜维护包括设备外观检查、螺栓和端子排紧固、绝缘测试、预防性试验、保护功能校验等。

5. 票　务

有轨电车一般为车上检票，在常态化大客流车站设置闸机，运营期间遇到临时性大客流的情况时，宜在相关站台设置移动检票机，可以有效提升检票效率、降低逃票率。日常维护应定期观测后台数据状态，确保车载检票机状态正常；对车载检票机的音量、显示进行检查和处理，保障乘客界面良好。

(二) 智慧运维系统主要设备简述

1. 车辆故障预警与健康管理系统

车辆故障预警与健康管理系统（PHM 系统）是用以监测车辆实时运行状态的一套系统。它及时利用列车 4G 数据传输模块采集列车运行状态信息及故障信息，通过无线数据传输通道发送到地面数据接收服务器，地面搭建列车智能运维分析平台，经平台解析处理后，形成统计报表及显示界面，通过浏览器网页可实现车辆运行状态实时监测、故障自动报警等功能，方便运营人员实时掌握列车动态，为列车运行提供远程专家技术支持和远程诊断。监控数据种类包括车辆状态数据、故障数据、各子系统如车门、蓄电池、走行部、受电弓监测系统健康状态相关数据。

2. 信号转辙机水浸在线监测告警装置

由于转辙机露天有进水的风险，在折返车站及出入段线等关键转辙机处机箱内宜加装水浸传感器。在综合监控中心安装监测告警终端，按不同折返站点所辖转辙机进行区域划分，当转辙机箱内部进水时发出报警提示，可实现声光及电话自动报警功能，方便运营人员实时掌握转辙机内有无进水，提前预防转辙机安全隐患。

3. 弓网在线监测装置

弓网在线监测装置宜安装在电客车上，它能在客车正常运行时，自动实现检测，实时监测接触网动态几何参数、燃弧、压力、硬点等数据，快速有效地发现接触网金具类零部件、绝缘类零部件、关键设备、线索及异物侵限情况或受电弓异常状态，自动记录缺陷并提供缺陷位置、缺陷种类、故障等级等相关信息，从而有效地指导各维修部门快速对弓网系统进行维护。弓网在线监测装置维护应根据设备的运行状态灵活制订维护周期，确保车上采集、处理单元和地面服务器状态正常，以保证设备检测数据的准确性及可靠性。

4. 带电检测工装配置

配置局部放电测试仪、红外成像测试仪等带电检测工装，可以检测运行设备内部绝缘状态，预防因绝缘降低或失效导致的设备放电、发热等异常现象，提前发现并消除设备隐患，有效弥补常规巡检盲区。带电检测在设备正常运行的情况下进行的检测，能够减少停电风险，方便日常运维检测，提高工作效率；使检修人员根据电气设备的运行状态灵活安排检测周期，便于及时发现电气设备存在的故障以及变化趋势，保证电气设备运行安全。

5. 便携式轨顶自动润滑装置

有轨电车正线小半径曲线较多，车辆通过时易产生啸叫，为减少噪声带来的影响，采用便携式轨顶自动润滑装置，该装置在曲线入口的直道上向两根钢轨的外侧面同时自动涂油，能有效降低列车通过曲线的啸叫噪声，减缓轨顶车轮踏面的过早磨耗到限、延长换轨周期、减少车轮踏面镟削和降低轮轨之间产生的啸叫声。

6. 槽型轨探伤仪

该设备对于超声系统的探头排布设计、机械走行部分根据槽型轨的特点进行设计，走行机构确保在槽型轨上推行时保障机械结构的稳定和保障探伤系统探头相对钢轨的位置准确。通过特殊设计定制槽型钢轨轮式超声波专用探头，实现对槽型钢轨进行超声波无损检测，采集超声波信号后主机进行数据分析处理形成探伤数据进行储存，可通过现场和后期数据回放进行异常伤损波形分析。

第二节　维保风险管控模式

维保风险管控是对设备维保过程中可能存在的风险进行识别、评估和控制的过程，是设备维保工作的重要组成部分，确保设备的正常运行和维保人员的人身安全。

维保风险辨识管控，应建立完善的风险评估和控制体系。这个体系需要包括风险评估标准、风险控制措施、风险监控和报告等内容。通过这个体系，可以对维保过程中可能存在的风险进行评估和控制，对维保流程和设备进行全面的检查和分析，了解设备维保作业流程、设备的结构、工作原理、故障模式等信息，以便发现潜在的风险和隐患；对设备的使用、定期的维护保养进行记录和分析，了解设备的使用频率、使用时间、使用环境、维护记录等信息，以便发现可能存在的风险和隐患。

各专业维保风险管控举例如下。

1. 车　辆

车辆专业维保风险管控如表 8-1 所示。

表 8-1　车辆专业维保风险管控

主要风险点	风险点描述	风险描述	管控措施
车辆	超级电容	致险因素： （一）管理的致险因素 1. 有轨电车检修规程、上下线标准、应急处置指南制定不详细，检修项点及标准不明确。 （二）人的致险因素 1. 检修作业未按照电客车检修规程进行检修。 2. 接触网停电检修时，人员升弓投入超级电容，车辆瞬时接地。 （三）物的致险因素 1. 备件不足导致无法恢复。 2. 短接片质量不佳、损坏、虚接，无法完好接触。 3. 电气接线破损、短路、接地或电气部件绝缘失效。 4. 超级电容部件老化。 5. DC/DC 电抗器绝缘下降，短路烧损。 （四）环境的致险因素 1. 运行列车晃动，短接片松动。 2. 箱体进水导致短路	（一）管理 1. 制定车辆检修规程规定里程检测试供电功能，每月均衡修检查短接片状态，并将检查结果记录到里程检、均衡修作业记录单。 2. 制定《车辆常见故障应急处理指南》，包括超级电容供电故障时应急处置方法和流程。 3. 制定车辆检修规程规定里程需检查超级电容功能，每月均衡修检查电容箱内各设备状态；下载 DC/DC 内部数据记录。 4. 制定车辆上下线标准超级电容无法在无网区自动切换供电方式，手动切换供电方式正常时维持运行至本列次计划终点站下线；超级电容不能投用，列车运行至无网区路口前一站清客退出服务。 （二）人 1. 制定培训计划，每年度按计划组织车辆知识培训，掌握短接片检查要点、各开关功能测试方法、数据下载方法，同时保障检修人员具备检查超级电容外观、功能以及箱内设备状态的能力。 2. 接触网检修时，检修调度通知各场段班组，严禁升弓情况下投入超级电容。 3. 通过有轨电车均衡修无电检修能力认定合格后方能上岗作业。

续表

主要风险点	风险点描述	风险描述	管控措施
车辆	超级电容		（三）物 1. 日常检查中，针对超级电容部件进行认真检修，确保设备完好，线路无接磨情况，确保线路无磨损，功能正常。 2. 每月结合均衡修对短接片进行检查，确保无虚接情况。 3. 超级电容检测系统实时监控电容各项数据，确保各项参数正常。 4. 由超级电容厂家专业人员对所有电容进行年检。 （四）环境 1. 结合日常作业做好短接片检查，确保无松动。 2. 将DC/DC箱体垫高，避免浸水
	转向架	致险因素： （一）管理的致险因素 1. 有轨电车检修规程及上下线标准制定不详细，检修项点及标准不明确。 （二）人的致险因素 1. 检修作业未按照电客车检修规程进行检修。 （三）物的致险因素	（一）管理 1. 制定车辆检修规程在日常检修维护中对走行部安装紧固件以及关键部件外观进行重点检查；实行两人互检确认。并将检查结果记录到里程检、均衡修作业记录单。 2. 制定车辆上下线标准轴桥（包括轴承、齿轮等）作用不良或轴桥润滑油不足；重要结构部件（车钩、铰接、转向架、缓冲装置等）有结构损伤（如出现表面裂纹、变形等）或功能作用不良，禁止列车出库投入运营。

续表

主要风险点	风险点描述	风险描述	管控措施
车辆	转向架	1. 转向架构架裂纹、齿轮箱漏油、紧固件松动。 2. 排障器裂纹。 3. 二系弹簧老化、损伤、变形、剥离、断裂等。 （四）环境的致险因素 1. 检修光线不足，影响检修效果	（二）人 1. 每年度开展人员作业规程及技能培训，检查构架、齿轮箱表面无污物覆盖；紧固件无松动，防松标记无错位。 2. 通过有轨电车均衡修无电检修能力认定合格后方能上岗作业。 （三）物 1. 日常检修中发现疑似裂纹，进行脱漆检查或普查整改。若有必要返厂进行探伤研究，同时更换转向架。 2. 结合架大修对重要部件进行探伤检查，发现裂纹须更换。 3. 确认排障器、二系弹簧表面无裂纹、变形等异常情况；确认紧固件无松动，防松标记无错位。 （四）环境 1. 确保光线充足，视情况打开场段库区灯或配置检修手电筒

2．信　号

信号专业维保风险管控如表 8-2 所示。

表 8-2　信号专业维保风险管控

主要风险点	风险点描述	风险描述	管控措施
道岔设备	道岔/转辙机	致险因素： （一）管理的致险因素 1. 检修规程制定不详细，检修项点及标准制定不明确。	（一）管理 1. 制定转辙机作业指导书、信号系统及其子系统设备检修规程，对信号转辙设备进行检查检修，严格按照作业指导书进行检修作业，确保道岔运行正常。

续表

主要风险点	风险点描述	风险描述	管控措施
道岔设备	道岔/转辙机	2. 施工检修作业检查不到位。 （二）人的致险因素 1. 检修不彻底导致转辙机故障。 2. 道岔病害导致转辙机转换不到位。 （三）物的致险因素 1. 异物导致道岔不能密贴。 2. 二极管损坏导致道岔红闪。 （四）环境的致险因素 1. 温度变化导致道岔密贴强度发生变化。 2. 大雨天气转辙机进水故障	2. 制定信号系统故障应急处理指南、信号专业现场处置方案，发现道岔转换不到位，及时启动相关应急处置程序。 （二）人 1. 具备信号专业上岗资格证。 2. 制定年度演练计划，按季度对道岔故障进行演练，提高现场处置能力。 3. 制定年度培训计划，按月对维保全员进行转辙机设备业务技能培训，完成全覆盖验收考试。 （三）物 1. 采用SDM监测系统，监测道岔动作曲线，发现曲线异常及时下线路检查。 2. 结合检修规程要求，每半月/月测试转辙机相关参数，发现参数不在标准范围的，查找原因并调整参数到标准范围或更换，确保设备状态良好。 3. 更换新型二极管大幅提升二极管的耐压值和承受最大电流值。 （四）环境 1. 利用春检/秋鉴和冬检及高温天气专项检查，防范因季节性变化导致的道岔密贴强度变化。 2. 发布暴雨预警后，信号专业人员按照要求、时间间隔加强暴雨天气对设备的巡视

续表

主要风险点	风险点描述	风险描述	管控措施
DMS 子系统	大屏	致险因素： （一）管理的致险因素 1. 检修规程制定不详细，检修项点及标准制定不明确。 （二）人的致险因素 1. 人员误操作，关闭大屏软件。 2. 大屏工控机分屏线缆接头原理、工控机内部硬盘和显卡更换掌握不到位。 3. 对大屏工作站大屏数据配置、调整操作不熟练。 （三）物的致险因素 1. 大屏工作站故障。 2. 大屏软件卡滞。 3. 大屏工控机内部积灰较多，且风扇未正常工作。 4. 停送电单屏电源控制器存在无法正常启动现象。 （四）环境的致险因素 1. 设备机房温度过高造成服务器宕机	（一）管理 1. 制定信号专业现场处置方案，对信号大屏设备进行检查检测，发现控制中心大屏黑屏，及时启动相关应急处置程序。 2. 针对设备特点制定《DMS 设备作业指导书》《信号系统及其子系统设备检修规程》，规范 DMS 系统设备的检修作业标准。 （二）人 1. 具备信号专业上岗资格证。 2. 制定年度演练计划，按季度对大屏设备故障进行演练，提高现场处置能力。 3. 制定年度培训计划，按月对维保全员进行大屏设备业务技能培训，完成全覆盖验收考试。 （三）物 1. 利用 DMS 检测软件进行监视，发现问题立刻处理。 2. 结合检修规程要求，每月对大屏工作站进行检修，对工控机内部进行清洁，发现问题查找原因并恢复正常，确保设备状态良好。 3. 停送电后对电源控制器进行检查。 （四）环境 1. 每日进行设备房温度巡视，发现异常及时处理

3. 通　信

通信专业维保风险管控如表 8-3 所示。

表 8-3　通信专业维保风险管控

主要风险点	风险点描述	风险描述	管控措施
骨干网系统	汇聚交换机	致险因素： （一）管理的致险因素 1. 规程制度的制定未覆盖所有致险因素。 2. 制度执行不到位，导致结果产生偏差。 （二）人的致险因素 1. 人员检修时未执行到位，导致设备漏检、漏修。 2. 人员技能不熟练、现场设备位置不熟悉。 3. 人员精神状态不佳、疲劳、紧张等误操作，导致不良后果。 （三）物的致险因素 1. 变电所汇聚交换机数据损坏或故障。 2. 通信线路、线缆破损和线路老化或者网线接口、光纤接口松动。	（一）管理 1. 制定通信系统及其子系统检修规程，明确骨干网系统检测维修的标准。 2. 制定通信系统故障应急处理指南、骨干网系统标准化作业指导书，明确骨干网系统故障应急处置程序，规范骨干网系统的检修作业标准。 （二）人 1. 制定年度培训计划，按月对维保全员进行骨干网系统知识及故障处置流程进行培训，提高人员技能和故障处置能力。 2. 制定年度演练计划，按季度对骨干网系统故障进行演练，提高人员现场故障应急处理能力。 3. 人员需具备通信专业上岗资格证。 4. 标段合理安排检修、值班等生产任务，避免员工工作超时。 （三）物 1. 利用骨干网系统网管软件，每日对骨干网系统运行状态进行实时监控。

续表

主要风险点	风险点描述	风险描述	管控措施
骨干网系统	汇聚交换机	（四）环境的致险因素 1. 高温导致线路老化、设备故障或宕机。 2. 暴雨天气机柜进水，导致交换机故障	2. 每年对变电所汇聚交换机进行数据配置备份，在骨干网网络遭到破坏时，保证配置数据的可恢复性。 3. 每月对线缆、接口等进行巡视，确保设备稳固，无松动、老化现象。 （四）环境 1. 发布高温或者暴雨预警后，通信专业人员加强高温、暴雨天气对设备的巡视

4. 供　电

供电专业维保风险管控如表 8-4 所示。

表 8-4　供电专业维保风险管控

主要风险点	风险点描述	风险描述	管控措施
供电系统	综合监控/电力监控系统	致险因素： （一）管理的致险因素 1. 制度执行不到位，导致结果产生偏差。 2. 设备信息台账未同步更新。 （二）人的致险因素 1. 人员对设备功能不了解，擅动运行设备，导致不良后果。 2. 人员技能不熟练、现场设备位置不熟悉。	（一）管理 1. 发布加强现场施工安全把控的通知，对每个作业的关键节点（停电、验电、接地等）录制操作视频，车间通过视频全覆盖检查的形式监控制度的执行情况。同时对于安全作业规程、红线等内容结合每月必知必会考试进行验收。 2. 制定设备履历、检修记录本等台账，明确检修人员对于设备的更换、材料的消耗等均须进行记录。

续表

主要风险点	风险点描述	风险描述	管控措施
供电系统	综合监控/电力监控系统	3. 人员精神状态不佳、疲劳、紧张等导致人员误操作。 4. 人员检修时未执行到位，导致设备漏检、漏修。 5. 电力监控系统远动误操作导致大面积停电。 （三）物的致险因素 1. 供电设备高压开关柜断路器跳闸。 2. 外电源电缆遭到破坏，造成大面积失电。 3. 供电设备室高压开关柜内各连接部位连接不紧固，松动/虚接/过热可能造成起火。 4. 通信设备故障、线缆连接松动、通信管理机设备故障。 （四）环境的致险因素 市电停电	（二）人 1. 变电专业人员上岗前要求进行80学时/人的培训，要求现场跟岗了解现场设备，制定师徒带教机制，对于设备的操作一切以调度命令为准。 2. 变电专业人员上岗实行"上岗五部曲"，人员通过"上岗五部曲"后由车间颁发上岗资格证，通过上岗资格鉴定后为保证人员技能始终满足检修要求，每季度开展理论考试及实操验收。 3. 检修作业采用双人监控的形式进行多重安全把控，人员在操作前须进行视频监控录像，发现问题及时制止。工作负责人召开班前会时应注意观察工作班成员精神状况，发现精神状况不佳者及时询问，有精神不振、注意力不集中等现象者，不得参与高处作业或有可能直接接触带电设备及相邻有带电设备的工作，有明显的疲劳、困乏和其他身体不适者，仅能安排其从事地面辅助性配合工作。 4. 制定变电所运行检修规程，并且按季度培训和验收，人员检修过程中将检修项点带到现场，按项点检修完一项才开展下一项。专业工程师每月利用视频监控对检修作业进行两次抽查。

续表

主要风险点	风险点描述	风险描述	管控措施
供电系统	综合监控/电力监控系统		5. 明确设备调度双人确认制度，确保一人操作一人监护执行到位，杜绝误操作。 （三）物 1. 制定变电所运行检修规程，规程中明确高压开关的检修内容和要求，确保设备连接可靠，无松动/虚接/过热等现象；断路器发生故障后现场及时确认故障情况，设备调度按调度专业现场处置预案要求，开展送电工作。 2. 地保专业制定了地保巡视标准，明确地保巡视的范围和要求。制定《外电源失电应急处置预案》，明确外电源失电时变电专业的职责和要求。 3. 制定变电所运行检修规程，规程中明确综合监控系统在通信状态/系统软件/硬件设备等方面的性能，判断设备是否符合运行条件，通信是否正常，开展二次接线回路测试，保证设备正常运行。严格按照综合监控系统求，完成各项检修维护和除尘工作。每季度检查通信设备，管理设备运行状态。 （四）环境 1. 制定外电源失电应急处置预案，明确各岗位人员的职责，按职责开展外电源失电应急处置。同时设备调度应及时与国家电网取得联系，掌握故障及恢复情况，做好支援供电准备

续表

主要风险点	风险点描述	风险描述	管控措施
供电系统	牵引供电系统	致险因素： （一）管理的致险因素 1. 制度执行不到位，导致结果产生偏差。 2. 设备信息台账未同步更新。 （二）人的致险因素 1. 人员安全意识不到位，导致人身伤害情况。 2. 人员技能不熟练、对现场设备位置不熟悉。 3. 人员精神状态不佳、疲劳、紧张等导致人员误操作。 4. 人员检修时未执行到位，导致设备漏检、漏修，可能导致线圈过热引发火灾	（一）管理 1. 发布加强现场施工安全把控的通知，对每个作业的关键节点（停电、验电、接地等）录制操作视频，车间通过视频全覆盖检查的形式管控制度的执行情况。同时对于安全作业规程、红线等内容结合每月必知必会考试进行验收。 2. 制定设备履历、检修记录本等台账，明确检修人员对于设备的更换、材料的消耗等均须进行记录。 （二）人 1. 对于安全作业规程、红线等内容变电专业结合每月必知必会考试进行验收。制定工作票制度，明确施工检修作业现场的带电部位等安全注意事项。并且在每个施工三会中进行抽问，确保作业组成员掌握到位。 2. 变电专业人员上岗实行"上岗五部曲"，人员通过"上岗五部曲"后由车间颁发上岗资格证，通过上岗资格检定后为保证人员技能始终满足检修要求，每季度开展理论考试及实操验收。 3. 检修作业采用双人监控的形式进行多重安全把控，人员在操作前须进行视频监控录像，发现问题及时制止。工作负责人召开

续表

主要风险点	风险点描述	风险描述	管控措施
供电系统	牵引供电系统	（三）物的致险因素 1. 变压器线圈表面、引线和绝缘子及其他绝缘件不清洁、严重积尘，可能导致线圈过热引发火灾。 2. 变压器温控箱功能不正常，可能导致变压器过热引发火灾。 3. 牵引整流机组整流柜内二次连接点不紧固、开焊，可能导致其过热从而引发火灾。 4. 开关柜内各连接部位连接不紧固、松动、虚接，可能导致其过热从而引发火灾。 （四）环境的致险因素 1. 大型机械作业处所，因防护不到位造成机械碰撞网杆发生倒杆。 2. 飘落异物等导致接触网失电	班前会时应注意观察工作班成员精神状况，发现精神状况不佳者及时询问，有精神不振、注意力不集中等现象者，不得参与高处作业或有可能直接接触带电设备及相邻有带电设备的工作，有明显的疲劳、困乏和其他身体不适者，仅能安排其从事地面辅助性配合工作。 4. 制定变电所运行检修规程，并且按季度培训和验收，人员检修过程中将检修项点带到现场，按项点检修完一项才开展下一项。专业工程师每月利用视频监控对检修作业进行两次抽查。 （三）物 1. 制定变电所运行检修规程，规程中明确变压器为三年检修，开展变压器设备的清洁工作，确保检修周期内设备清洁，无积层、积灰。 2. 制定变电所运行检修规程，规程中明确变压器温控器设备的检修工作，同时设备调度密切注视日常运行过程中的报警信息，发现问题及时处理。 3. 制定变电所运行检修规程，规程中明确须检查牵引整流机组整流柜内和开关柜内各连接部位，确保连接部位无松动、无虚接、无过热。 （四）环境 1. 制定变电所跳闸应急预案，明确接触网异常时，变电专业须赶往变电所检查设备跳闸情况，在确认情况后及时恢复供电

5. 接触网

接触网专业维保风险管控如表 8-5 所示。

表 8-5　接触网专业维保风险管控

主要风险点	风险点描述	风险描述	管控措施
接触网	1-2区感应电	已停电的区域存在感应电，造成人身伤害、设备损坏。 致险因素： （一）管理的致险因素 1. 检修规程制度执行不到位，导致结果产生偏差。 2. 安全措施采取不到位。 （二）人的致险因素 1. 人员技能不熟练、对现场设备位置不熟悉。 2. 人员未取得相应的证件。 3. 对设备停电区域不清楚。 （三）物的致险因素 1. 接地线设置不合理。 2. 绝缘工器具不在合格检验期内。 （四）环境的致险因素： 1. 环境温度变化或极端特殊天气下出现强感应电，且不易消除。 2. 平行线路较近，空气绝缘间隙不满足条件	（一）管理 1. 制定接触网运行检修规程、接触网安全工作规程，明确接触网设备巡视及设备检修作业标准进行管控措施规范。 2. 制定接触网专业强感应电区段作业安全控制措施，明确在强感应电区域作业时应采取的措施。 （二）人 1. 在有其他电力线路跨越接触网或平行于接触网较近的电力线路时，适当在作业点附近增加临时接地线，以消除感应电的危害。 2. 须取得相应特种作业资格（高处作业、高压电工）的人员持证上岗。 （三）物 1. 除按规定装设接地线外，还应增设接地线。接地线设置时，两接地线间距不大于 1 000 m，间距大于 1 000 m 时，需增设接地线。 2. 检修隔离开关、分段绝缘器、上网点、避雷器断开主导电回路及引线作业时，应在作业位置增设接地线后再进行作业。

续表

主要风险点	风险点描述	风险描述	管控措施
接触网	1-2区感应电		3. 梯车进行高空作业时，都应配备随车接地，在挂设好随车接地后，高空人员方可上网作业。 4. 安全质量监督人员每季到各车间对绝缘鞋、绝缘手套、接地线、验电器进行状态检查，避免安全用具带病上道作业。 （四）环境 1. 雷雨天气，原则上不进行接触网作业。 2. 根据现场实测的感应电强度及持续时间，来安排作业计划

6. 工 务

工务专业维保风险管控如表8-6所示。

表8-6 工务专业维保风险管控

主要风险点	风险点描述	风险描述	管控措施
轨道线路	钢轨和联结零件	致险因素： （一）管理的致险因素 1. 未接受安全生产教育培训。 2. 检修规程及检修作业指导书不明确、不完整。 3. 未按照设备检修维护要求开展维修。 4. 已辨识的隐患未制定整改措施。	（一）管理 1. 根据线路运行及检修规程对线路进行巡视。 2. 完善检修规程及检修作业指导书并开展培训。 3. 根据已制定的线路运行及检修规程开展检修。 4. 已辨识的隐患制定整改措施，专业技术管理人员及时督促问题闭环整改。

续表

主要风险点	风险点描述	风险描述	管控措施
轨道线路	钢轨和联结零件	（二）人的致险因素 1. 设备检修完毕后未全面复查导致影响次日运营。 2. 未按要求执行现场劳动防护。 3. 检修维护人员漏检、漏修。 4. 人员技能水平不足。 5. 设备维护使用人员操作失误引发设备故障。 （三）物的致险因素 1. 钢轨断裂导致车辆运行不平稳或列车脱轨。 2. 钢轨顶部轨面和侧面的磨损可能导致列车异常振动产生噪声或列车脱轨。 3. 钢轨接头夹板折断、焊缝裂纹等伤损可能导致钢轨出现位移或脱节损毁。 4. 钢轨轨距加宽、轨道扭曲不平顺可能导致列车脱轨。 5. 小曲线钢轨与车轮硬度匹配不佳，润滑不良，可能加剧钢轨侧磨损。 6. 接头螺栓折断、锈蚀、丝扣损坏或杆径磨损可能导致列车脱轨。	（二）人 1. 现场作业人员参加三级安全教育，并考试合格。 2. 设备检修完毕，施工负责人严格落实设备回检要求，确认设备状态正常。 3. 现场作业严格穿戴劳动防护用品，施工负责人做好现场监督提醒。 4. 施工负责人卡控现场作业质量，根据检修规程做好纸质台账填写。 5. 按计划开展作业人员业务技能培训，日常通过演练、拉练加强作业人员技能提升。 6. 作业人员须取得相应资格证书，持证上岗；作业现场施工负责人或安排专人做好现场安全卡控。 （三）物 1. 在冬/夏交替期间，利用春检和秋检对接头夹板/扣件等设备进行检查。 2. 春季期间提前调整轨缝/紧固接头及联接零件。 3. 检修作业加强对扣板/铁垫板等的检查，发现异常及时采取加固措施，发生损坏及时报修。 4. 发现异常及时采取加固或更换措施。

续表

主要风险点	风险点描述	风险描述	管控措施
轨道线路	钢轨和联结零件	7. 扣件螺旋道钉折断或浮起，铁垫板折断、变形，以及弹条、扣板（弹片）损坏可能导致扣压力不足或列车脱轨。 8. 车挡与车钩不匹配、与线路终端距离不合规等可能导致列车冲出线路终端。 9. 钢轨与周边金属物体（人防门门槛、钢筋头等）接触可能导致烧伤。 （四）环境的致险因素 1. 气温骤变导致胀轨或断轨、扣配件脱落、断裂。 2. 地面塌陷造成钢轨和联结零件变形	5. 每月对线路平推检查，出现磨损严重情况，安排计划打磨处理；出现几何尺寸异常情况进行捣固并调整处理。 6. 每半月对小半径曲线涂油。 （四）环境 1. 气温变化大时，加强巡道检查，做好巡视记录，发现问题及时上报处置，根据检修规程提报计划进行处置或更换

7. 机　电

机电专业维保风险管控如表 8-7 所示。

表 8-7　机电专业维保风险管控

主要风险点	风险点描述	风险描述	管控措施
给排水	排水系统故障	排水不畅、坑内溢水，出现设备被淹，人员坠落的情况。 致险因素： （一）管理的致险因素 1. 规程制度的制定未覆盖所有致险因素。	（一）管理 1. 制定机电设备检修规程、给排水专业安全工作规程、机电作业指导书，对给排水系统进行巡检维护，对集水坑进行清淤。 2. 严格按照机电设备检修规程、机电作业指导书要求，对给排水设备管道进行疏通及清理。

续表

主要风险点	风险点描述	风险描述	管控措施
给排水	排水系统故障	2. 制度执行不到位，导致结果产生偏差 （二）人的致险因素 1. 人员检修时未执行到位，导致设备漏检、漏修。 2. 人员对防汛物资的位置不清楚，不会操作防汛设备。 （三）物的致险因素 1. 防汛物资不够，或者防汛物资出现故障，影响防汛应急。 2. 潜污泵等水泵故障或排水管道阻塞。 （四）环境的致险因素 1. 处于潮湿区域的阀门管道氧化严重，长期氧化导致阀门内部锈蚀转动不灵活。 2. 夏季汛期降雨过多，综合管廊排水压力过大	（二）人 1. 利用交班会进行维保人员思想意识培训。 2. 每季度对维保人员进行技能业务培训，对防汛物资位置和防汛设备进行操作培训。 （三）物 1. 根据公司防汛重点部位，准备充足的防汛物资，并且每月对防汛物资的状态进行检查，发现问题及时处理。 2. 结合机电设备检修规程、机电作业指导书每次汛前检对潜污泵设备检查，检查设备运行状态。 （四）环境 1. 结合机电设备检修规程、机电作业指导书每次汛前检对设备除锈，检查设备运行状态

第三节 维保组织管理

有轨电车正线及站台设备精简，正线少有专用设备房，维保生产人员主要集中在场段，根据线路长度设有部分应急点。有轨电车线路设备维保多专业融合管理的需求和应用条件给设备维保组织管理提供了新的思路，通过对维保架构的规划，明确各专业生产班组设置和业务要求，可提高运营管理单位维保管理效率与维保质量。

运营管理单位应根据设备设施分类进行专业化维保管理，不同的运营管理架构对专业的分类有不同原则，结合有轨电车线路接口紧密的特点，可按照专业划分为车辆、通号、机电及工电专业维保，结合专业特点及设备维保要求进行生产班组设置，如图8-1所示。

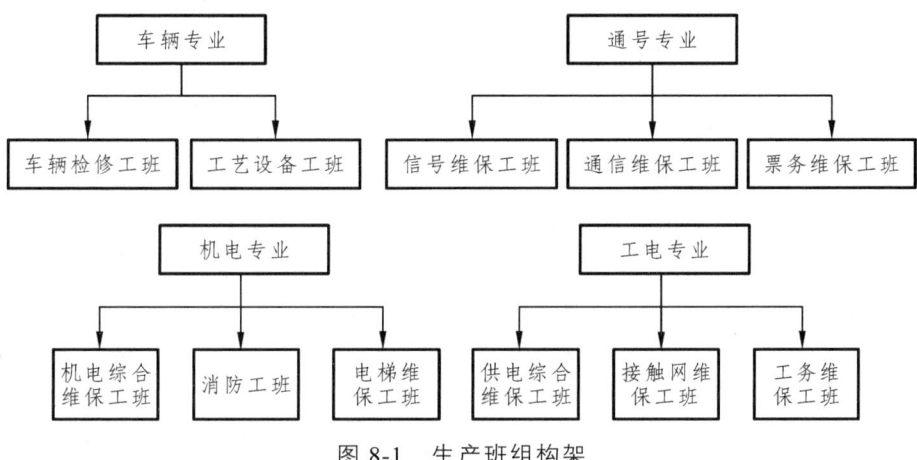

图 8-1 生产班组构架

一、维保生产组织

（一）车辆专业

1. 主要业务

车辆维保业务主要包括车辆、车辆段工艺设备两板块，由车辆及相关设备的例行检修、计划性检修、故障临修、技术整改、专项作业以及日常保障应急抢修、应急救援等构成。

2. 工班划分及分布

根据维保业务，可按照电客车、工艺设备进行维保班组划分。

1）车辆检修工班

车辆检修工班负责按照电客车检修生产计划，周期性开展检修作业、临时故障处理及应急处置等业务，同时承担属地巡视、应急响应支援等工作。

可根据组织特点及生产组织需求设三个班组，分别为检修班组、调度班组和正线值守班组。分布位置覆盖车辆段/停车场、OCC、正线关键站值守。

2）车辆段设备工班

车辆段设备工班负责场段设备的周期性维保以及故障处置等作业，承担电客车车体清洗设备的维护保养作业，配合电客车大部件更换作业，电客车救援设备维护等业务。

根据生产组织需求，场段设备工班一般仅设置一个工班，按生产计划前往具备工艺设备的场段开展维保工作。

3. 班制安排

1）车辆检修工班

检修班组负责场段应急值守、电客车均衡修、里程检及临修等，保证电客车检修计划正常开展，场段属地24小时有人值守，宜采用"四班两运转"模式。

调度班组负责检修计划制定、电客车故障的应急处置、场段接发车故障处置、运检工作业流程指导以及突发信息流转等事务，设置于场段，须24小时值守，宜采用"四班两运"转模式。

正线值守班组负责正线车辆故障协助处置、正线车辆状态监控、异常车辆保驾工作等，根据线路长度设置适当点位，满足应急响应时间要求，工作时间覆盖运营期，宜采用"三班两运转"模式。

2）车辆段设备工班

车辆段设备工班定期维护场段工艺设备，确保电客车救援设备设施、防汛抢险设备功能可靠可用，宜采用长白班制，周末及节假日轮换人员白班值守。

（二）通号专业

1. 主要业务

通号维保业务主要包括信号、通信、票务三个板块，由信号、通信及票务设备的计划性检修、故障处置、技术整改、专项作业以及日常保障应急抢修等构成。

信号、通信是有轨电车的控制、信息集成、远程监督等功能的架构核心，票务专业体量较小，且与通信、信号系统关联性强，整合三个专业维护有利于减少专业沟通壁垒，有助于运营期接口稳定性维护。

2. 工班划分及分布

根据维保业务，可按照信号、通信、票务进行维保班组划分。

1）信号维保工班

信号维保工班负责按照生产计划开展信号系统日常、专项维保及临修等作业，承担正线、场段、OCC 及车载信号专业系统应急值守、设备巡检、计划性检修及故障应急处置、场段行车设备应急操作等工作。

可根据生产组织需求设三类工班，分别为信号中心系统工班、信号正线及场段工班、信号车载工班，分布位置覆盖全线信号维保业务。

2）通信维保工班

通信维保工班负责按照生产计划开展通信系统日常、专项维保及临修等作业，承担正线、场段、OCC 的通信系统以及场段安防系统应急值守、设备巡检、计划性检修及故障应急处置。

可根据生产组织需求设两类工班，分别为通信系统工班、通信综合工班，分布位置覆盖全线通信维保业务。

3）票务维保工班

票务维保工班负责按照生产计划开展票务系统日常、专项维保及票务参数调整等作业，承担场段、车载等票务设备巡检、计划性检修及故障应急处置。

可根据生产组织需求设票务综合工班，分布位置覆盖全线车载及场段票务维保业务。

3. 班制安排

1）信号维保工班

应急值守、日/周巡检等例行性检修宜采用"四班两运转"模式，保证工班值守点 24 小时有人值守；计划性检修宜采用长白班模式。信号维保工班在场段、折返点、车辆段/停车场应采用双人双岗应急值守。

2）通信维保工班

应急值守、日/周巡检等例行性检修宜采用"四班两运转"模式，保证工班值守点 24 小时有人值守；计划性检修宜采用长白班模式。通信维保工班在系统中心应采用双人双岗应急值守。

3）票务维保工班

应急值守、日/周巡检等例行性检修宜采用"四班两运转模"式，保证工班值守点 24 小时有人值守；计划性检修宜采用长白班模式。票务维保工班在系统中心应采用双人双岗应急值守。

（三）机电专业

1．主要业务

机电维保业务主要包括低压供电、通风空调、给排水、消防、电扶梯等系统设备日常、专项维保及临修等作业。

2．工班划分及分布

有轨电车正线及站台机电设备精简，根据专业特性，可按照机电综合工班、消防及电扶梯三个工班进行维保班组划分。

1）机电综合维保工班

机电综合维保工班负责按照生产计划开展低压供电、通风空调、给排水等机电设备日常、专项维保及临修等作业，承担正线、场段应急值守，设备巡检、计划性检修及故障应急处置。

可根据生产组织需求设机电综合工班，分布位置覆盖各场段机电维保业务。

2）消防维保工班

消防维保工班负责消防设备的运维管理及消防值班工作，负责所辖消防设备的故障处理分析、值守和应急抢险工作，保障设备的正常运行。

可根据生产组织需求设两类工班，分别为消防维保工班、消防值班工班，分布位置覆盖场段消防维保及值班业务。

3）电扶梯维保工班

电扶梯维保工班负责电扶梯设备日常检修、故障处理分析、值守和应急抢险工作，保障设备运行正常。

可根据电扶梯布置位置，按点位设置班组，覆盖所辖范围所有电扶梯维保业务。

3．班制安排

机电综合维保工班及电扶梯维保工班根据班组应急值守和维修计划安

排，宜采用长白班和夜班值守的综合工时制排班，确保 24 小时应急值守覆盖和检修保养工作正常开展。消防值班工班按"四班两运转"开展消控室值守工作，确保 24 小时在岗。

（四）工电专业

1. 主要业务

工电专业维保业务主要包括供变电、接触网及工务土建系统设备的日常、专项维保及临修等作业。

2. 工班划分及分布

1）供电综合维保工班

供电综合维保工班负责按照生产计划开展供电专业日常、专项维保及临修等作业，承担正线、场段的供电系统应急值守、设备巡视、计划性检修及故障应急等工作。

根据生产组织需求，工班驻点一般位于场段，正线可结合线路长度设置值守点位，负责故障应急及日常巡视。

2）接触网维保工班

接触网维保工班负责按照检修规程计划开展接触网设备年检、专项维保及临时检修作业，承担正线、场段接触网设备应急处置，梯车巡检，故障应急处置等工作。

根据生产组织需求，工班驻点一般位于场段，正线及停车场应设置值守点，负责故障应急及日常巡视。

3）工务维保工班

工务维保工班负责轨道和土建结构，按照检修规程计划开展轨道及土建设备年检、专项维保、土建设备定期监测及临时检修作业，承担正线、场段轨道及土建设备应急处置等工作，每日运营前对路口轨道状态进行确认。

根据生产组织需求，可在场段设轨道检修工班一个、土建工班一个，保证人员分布满足应急和班组日常需求。

3. 班制安排

1）供电综合维保工班

供电综合工班值守点人员宜采用"四班两运转"模式,保证值守点 24 小时有人值守,其余班组人员宜采用长白班的上班模式,同时每月进行值守点人员轮换。

2)接触网维保工班

接触网检修工班场段值守点采用双人双岗应急值守,接触网工班及值守点均为"四班两运转"模式,保证工班 24 小时有人值守。

3)工务维保工班

工务维保工班场段值守点采用双人双岗应急值守,工务维保工班及值守点均为"四班两运转"模式,保证工班 24 小时有人值守。

第九章 施工管理

有轨电车运营单位应制定完善的施工检修管理规则，对行车设备、生产设施、办公生活设备设施的建设、检查、维修、保养、改造等各类施工，从施工组织各阶段的实施要求、施工管理人员的行为及施工安全措施等进行规范，提高施工检修作业实施效率，确保设备设施正常运转及行车、施工和人员安全，为运营秩序提供基本保障。

第一节 施工管理界面

有轨电车施工管理应由专门的管理机构负责，对施工类别、施工方案、施工计划、施工请销点、施工安全管理等环节进行全过程管控。施工管理机构建议设置于调度管理部门，有利于统筹安排轨行区资源，合理组织并协调各项作业有序开展。在具体施工过程中，线路正线区域范围施工应纳入控制中心施工管理范围，场段区域应纳入各场段车场控制中心施工管理范围，明晰管理界面。

一、施工管理机构职责

施工管理机构有以下职责：

（1）负责施工日常管理工作的统筹，协调各类施工合理安排计划。

（2）建立、健全施工管理体系，制定管理制度，并根据施工检修实施情况，制定临时补充办法及措施。

（3）监督、指导各部门施工按要求开展，督促施工管理履职尽责。

（4）建立健全施工协调会机制，协调、解决各部门及施工单位在计划申报、审批、实施等过程中存在的问题。

（5）编制、审核、发布施工计划，负责计划调整及临时性施工检修计划管理。

（6）分析、落实施工违章违纪考核，制定整改措施，督促考核问题整改。

（7）定期对施工、检修组织工作进行统计、分析和总结，提出管理要求和优化措施。

（8）负责根据施工管理流程，建设信息化施工管理平台，并开展系统日常管理工作，安全高效组织各项施工作业。

二、相关业务部门职责

（一）安全监管部门

（1）配合施工管理部门开展施工安全监管工作，监督、指导各施工实施单位履行安全管理职责。

（2）牵头组织相关施工单位签订施工安全协议并进行管理。

（3）根据施工需求，牵头动火作业凭证的签发及管理。

（4）牵头施工安全事故、事件分析调查。

（5）参与、指导施工方案编制，监督公司各部门、中心在施工方案审核管理的履职情况，审查公司施工方案中安全管理措施、应急预案、风险控制、成品保护等安全管理模块。

（6）根据需求参加施工管理机构组织的施工协调会，针对施工安全布置工作要求。

（二）施工实施部门

（1）负责属地、业务归口相关施工的现场组织和安全监控，对相关施工作业进行业务技术指导和监督检查工作，对施工问题进行收集、汇报。

（2）负责归口管理施工负责人、施工人员等的安全管理工作。

（3）负责归口管理施工方案的编制、审核、修订，并根据方案类别报施工管理机构会签后实施等工作。

（4）根据安全生产制度等要求配合安全监管部门办理施工安全协议、项目合同及安全保证金等管理，组织、配合施工安全事故、事件分析。

（5）负责本部门施工问题自查、收集、分析、汇报，落实施工考核，制定并落实整改措施。

（6）根据需求参加施工管理机构组织的施工协调会，参与施工管理工作。

（三）综合后勤部门

（1）牵头施工负责人的取证考试及发证管理。

（2）配合收取、支付相关费用。

（3）根据需求参加施工管理机构组织的施工协调会，参与施工管理工作。

第二节 施工检修作业分类管理

为做好施工精细化分类管控，合理利用各项施工资源，确保各项施工检修作业安全、有序开展，应根据施工作业地点、性质和时间等特点对各项施工检修作业进行种类划分，统筹管理，避免施工作业过程中的车车冲突、人车冲突、人电冲突。

一、施工检修作业种类划分

（一）按照施工作业地点和性质分类

影响正线、辅助线行车及行车设备设施使用的作业为 A 类；场段范围内的施工为 B 类（不含车辆专业对电客车、工程车的检修作业）；车站、变电所、OCC 等生产区域范围内不影响行车及行车设备设施使用的作业为 C 类；办公生活区域的办公、生活、民用通信、广告经营等设施设备的建设、检查、维修、保养、改造等作业为 S 类。

（二）按照计划时间分类

施工计划根据时间周期进行分类，可分为月计划、周计划、日补充计划、临时补修计划等。月计划、周计划为周期性检修计划，日补充计划及临时补修计划属于临时性计划。

设备归口单位应根据设备设施实施年度周期性检修计划，做好月度计划安排。周计划应在月计划的基础上进行安排，原则上不得影响月计划的实施；日补充计划应在月、周计划的基础上进行安排，原则上不得影响月、周计划的实施。临时补修计划根据设备设施状态进行安排，满足对故障处置的需求。

二、施工检修作业分类编制与审批

（一）施工计划的编制原则

（1）施工计划须均衡安排，避免集中作业，减少对其他生产活动的影响。

（2）场段的施工计划应综合考虑场段内车辆检修等设备检修工作及其他生产需求。

（3）施工计划申报须严格控制好月计划、周计划及日补充计划的比重，确保施工计划严谨性和施工效率。

（4）施工计划编制须满足施工实际需要，避免施工抢点及资源浪费，确保资源利用率和施工检修效率。

（5）临时补修计划优先安排，确保设备设施满足行车及客运服务需要。

（二）施工计划分类审批

（1）月计划的审批。施工管理机构根据各施工实施单位的计划提报情况，统筹安排施工检修计划，重难点施工通过施工协调会议协调、落实。

（2）周计划的审批。施工管理机构根据计划提报的情况，在月计划的基础上审核计划。遇节假日等需调整申报时间时，应及时做好协调通知。

（3）日补充计划须在月计划、周计划的基础上合理安排，以提高月计划、周计划的兑现率。

（4）临时补修计划的审批。施工管理机构接到临时补修计划申报，审核后根据实际情况进行调整安排，并通知相关部门取消或调整计划安排。临时补修计划应优先安排，不受月计划、周计划和日补充计划限制。

（三）施工计划审批流程

施工计划根据施工分类及各层级单位分工开展施工审批工作，详见图9-1。

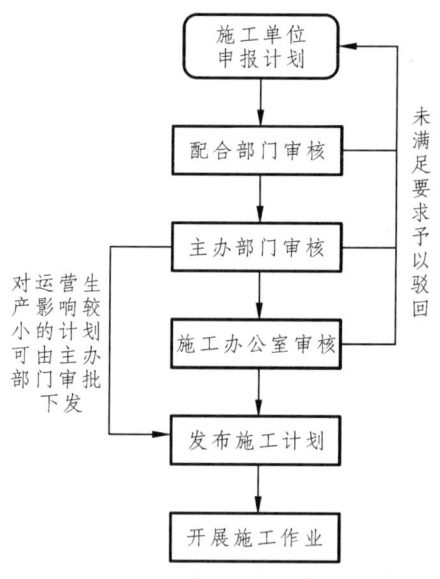

图 9-1 施工审批流程

第三节 施工方案管理

为确保各项施工作业安全有序开展，应根据施工内容和影响范围，在施工实施前制定完备的施工方案，经各相关管理部门审批、会签后实施。施工方案须包含工程概况、编制依据、施工时间及地点、影响范围、施工组织机构、施工准备、施工计划安排、技术方案、安全管理措施及应急预案、既有设备保护及其他要求等内容。

一、施工方案分类

根据施工作业的影响范围，可将施工方案分为三类。

（1）对行车组织、客运服务等日常运营影响较大的为一类施工方案。包括但不限于以下情况：

① 大面积影响行车的信号软件升级施工方案。

② 大面积影响客运服务的票务、乘客信息界面、广播等系统升级施工方案。

③ 直接影响行车的车辆牵引、制动系统软件升级施工方案。

④ 运营设施设备重大技术改造，影响有轨电车运营组织的施工。

（2）局部影响行车、客服等重要设备设施升级改造，影响行车效率及客运服务的施工方案为二类施工方案。

（3）不影响行车、客服等生产任务开展的相关设备设施升级改造施工方案为三类施工方案。

二、施工方案审核及发布

（一）施工方案预审核

施工方案由施工管理机构负责牵头组织审核、会签，施工单位根据施工要求和方案编制标准编制施工方案，实施归口管理部门应对方案内容的正确性、文本格式的规范性、实施的可行性、安排的科学性、风险的可控性等进行审核、完善，完成预审核工作。

（二）施工方案会审

会审阶段，相关部门应根据业务归口对方案进行严格审核，其中技术、设备、客运等管理部门主要对方案的工艺流程、施工标准、技术要求、施工条件、设备影响、实施方式等进行审核，安全监管部门主要对施工方案的各项安全管理措施、应急预案可行性、既有设备保护措施等进行审核，施工配合部门对配合作业条件及要求、对本专业设备的影响等进行审核，施工管理机构对施工方案的实施时间、计划安排、施工组织等进行审核，确认方案会签流程完成。

（三）施工方案发布

各类施工方案应按照方案类别分层级建立签发机制，相关层级负责人进行最终确认生效。

为确保施工能在预定日期开工，施工方案须在计划申报时间前预留足够的发布时间。

需对已发布的施工方案进行调整和变更时，实施部门须与相关部门进行沟通，必要时对方案进行重新审核和会签。

第四节　施工组织

施工作业须按照先设置防护、再办理请点、后组织施工的顺序组织开展，按照先确认区域出清、再办理销点、后撤除防护的顺序组织施工销点，并严格遵守施工安全相关规程。

（一）施工组织原则

（1）影响行车及客运服务组织类施工原则上在非运营时间内进行，并严格管控施工作业时间，施工单位不得超出允许的作业时间，不得擅自延迟。

（2）当最后一列电车出清施工区域后，方可安排满足条件的轨行区类施工作业。

（3）所有施工作业原则上应于运营前检查之前结束；动车作业结束后，施工列车原则上就近回段（场）；动车作业以及在有施工列车返回的线路上施工时，动车作业及回段路径上的施工应预留充足的列车回段时间；动车作业提前结束时，待回段路径上的施工结束后回段。

（4）停电挂地线配合作业时，请点前应预留配合挂接地线的准备时间，销点后应预留拆除地线时间。

（5）遇特殊原因需要提前开始施工的，施工负责人确认现场具备施工条件后向请销点受理部门申请，请销点受理部门同意后组织实施。

（6）遇特殊原因需要延长作业时间的，施工负责人必须在批准的作业结束时间前 30 min 向请销点受理部门申请延点，经请销点受理部门同意后方可延点。

（7）施工具体开始作业时间以行车调度（车场调度）根据现场情况最终批准同意时间为准，遇突发事故、设备故障或其他临时突发情况，行车调度（车场调度）有权对已批准的施工计划进行调整。

（二）施工请点组织

（1）施工作业前，施工负责人须做好人员、物资、工器具、防护用具等施工准备工作。

（2）施工负责人应在施工计划规定施工开始时间前到达请点规定地点，结合有轨电车现场为开放式无人值守的特点，请点地点应具备高清视频监控，便于受理部门掌握现场情况。

（3）正线范围施工，施工负责人向行车调度办理请点手续，行车调度确认具备施工条件后批准施工。

（4）场段范围施工，施工负责人向车场调度办理请点手续，车场调度确认具备施工条件后批准施工。

（三）施工销点组织

（1）办理销点时，遵照"向谁请，向谁销"的原则执行。

（2）施工作业完毕后，施工负责人确认施工区域出清、设备恢复正常、安全防护撤除，施工负责人方可向请销点受理部门申请销点。

（3）施工负责人销点时应到达规定销点站，在车站、变电所销点时应在高清视频监控处。

（4）施工完毕后，施工负责人向请销点受理部门销点，请销点受理部门与施工负责人确认施工区域出清、设备恢复正常、安全防护撤除后同意销点。

（5）因特殊情况需终止施工时，请销点受理部门通知施工负责人，施工负责人立即恢复设备状态、出清作业区域，按要求办理销点手续。

第五节　施工的其他事项

一、特殊类施工管理

现代有轨电车线路处于露天环境，较传统地铁线路具备更好的瞭望、避让条件，可结合运营特点及优势，在采取有力现场防护措施的前提下，高效组织轨行区作业。如正线轨行区绿化养护、环境卫生整治等作业，可在作业区域两端安全停车距离处设置专职防护员，并携带信号旗、口笛及通信联络设备，并在作业区域两端列车接近区段外设置醒目警示标识，便于司机观察，做好人车安全卡控，合理进行运营期间特殊类施工作业。

二、施工负责人管理

施工负责人为本项施工的第一安全责任人，须熟知本施工的注意事项及安全关键点。有轨电车运营线范围内的施工，施工负责人均须取得"施工负责人证"，并凭证办理入场和登记手续。

施工负责人证应建立施工负责人证积分制度，扣分超过规定值可进行吊销。证件通过培训考试获得，确保施工负责人具备现场组织协调、安全管理能力，有效期一般为三年。

三、施工指标管理

施工管理的统计指标指各部门施工计划的兑现率、变更率、时间利用率和计划比重，是评价施工资源利用及组织情况的重要参考依据。其中，计划兑现率是指施工计划的实际完成件数与计划件数的比值；计划变更率是施工计划的变更件数与计划件数的比值；时间利用率是指全月施工计划的实际施工时间与计划施工时间的比率；计划比重指各类计划占施工总件数的比重，即每月计划中日补充计划数量与月、周计划数量之和的比值。各类施工指标可有效反映施工计划执行情况，施工管理部门应通过施工指标周期性评估施工组织的结果，指导施工管理工作的开展。

第十章

客运服务管理

在城市轨道交通系统中,客运服务为广大乘客提供安全、便利、舒适、快捷的乘车、候车环境,是直接反映轨道交通系统运营管理水平的重要标志之一,也是反映城市文明程度的一个窗口。客运服务聚焦车站、列车、信息、票务和环境管理,每一类中构建相应的管理组织架构,完整的服务流程、监督机制和反馈机制,通过持续PDCA循环优化推进运营体系正循环,不断放大轨道交通整体价值。

第一节 客运服务架构

一、车站管理

(一)有人值守车站

有人值守车站的管理涉及多个专业的协同合作,包括车站管理人员、客运专业人员、维保人员、保洁、保安等,如图10-1所示。客运专业人员负责车站客运组织及应急事件处置。维保专业人员负责车站设备设施日常维护和保养。保安负责安全保障工作,设置在各客流关键点位,确保出入口、站台、通道安全。保洁负责车站地面、公共设施设备、公共卫生间等实时清洁和消毒工作,确保车站的干净与清洁。各岗位共同保障车站的正常运营和乘客的安全便捷换乘。

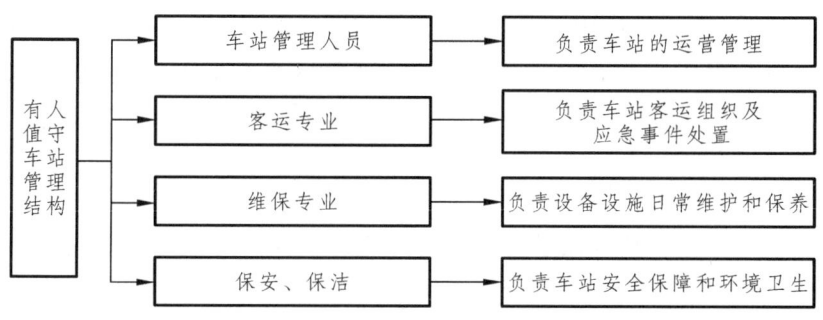

图 10-1　有人值守车站管理结构

（二）无人值守车站

有轨电车正线车站部分为无人值守车站，管理模式结构与有人值守车站有所不同，如图 10-2 所示。车站管理人员负责整个车站的运营管理。客运专业人员负责车站客运服务及应急事件处置。维保专业人员负责定期对车站设备设施进行检查和维护，包含站台天地墙、导向标识、照明系统、广告灯箱、PIS 显示系统、座椅及靠背等。保洁负责车站地面、公共设施设备等实时清洁和消毒工作，确保车站的干净与清洁。

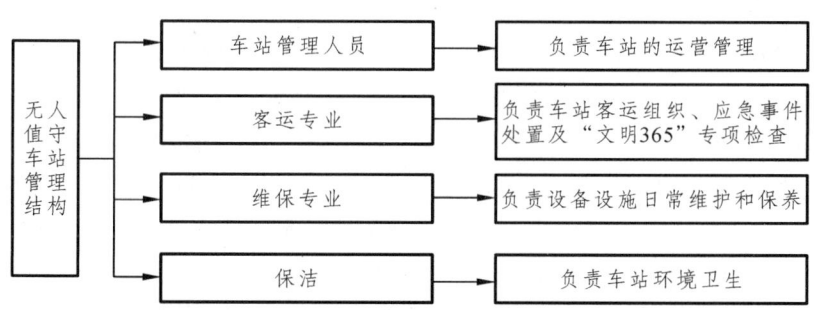

图 10-2　无人值守车站管理结构

二、列车服务管理

（一）车长服务管理

有轨电车可执行电车"车长制"，通过将司机升级为"车长"，对外联系调度、客运值班员，对内指挥保安，统筹车内、无人车站的客服事务。明确车长对值乘列车安全行驶、规范运营、文明服务、人员管理等全面负责，领导车内特殊乘客人员服务、乘客事务、列车应急事件处置、违禁物品检查、遗失物品处理等工作，提供稳定有温度的客运服务。

（二）安保服务管理

有轨电车无人值守站台的业务特点决定了保安专业与乘客接触面最大、客服工作面最大。梳理重点场景对保安进行培训及验收，切实强化保安客服处置能力。量化问题检查处置清单，确立关键时段关键岗位干部带班机制，按月对安保项目部各级管理人员履职数量、质量进行复查，确保管理"穿透"到底，力度贯彻始终。制定保安员工各班组谈话机制，与安保项目部管理人员周谈，与项目管理单位月谈，形成问题清单逐项过关，切实提高安保人员作业水平。

三、信息发布与导向管理

（一）乘客信息系统（PIS）与广播设置

1. 乘客信息系统（PIS）

有轨电车乘客信息系统（PIS）根据显示区域及内容分为站台 PIS、车载 PIS。站台 PIS 用于显示列车到站状态，版面元素原则上应包含列车运行终点站、列车运行方向下一站、列车到站状态，多界面按照"先中文、后英文"原则循环播放。车载 PIS 用于显示列车运行状态，版面元素原则上应包含终点站、下一站或到达站，中英文分区域显示，英文滚动播放。如图 10-3 例举了成都有轨电车站台 PIS、车载 PIS 内容。

 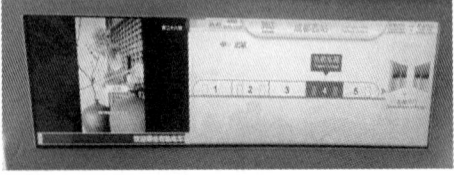

（a）站台 PIS　　　　　　　　（b）车载 PIS

图 10-3　有轨电车乘客信息系统（PIS）

2. 广　播

有轨电车广播分为列车广播和车站广播。车站广播应包含列车进站广播、末班车广播、服务指引广播、大客流广播、故障广播、应急广播及其他广播。车站广播原则上采用女声播报，直达车、共线段等特殊车站广播，可根据实际需求采用男声播报，按核定的广播格式录制。列车广播包含列车报站广播和列车应急广播。列车报站广播按照播放时机分为出站（预报）广播和进站广播。列车应急广播及报站广播的主要乘车信息（涉及站点及换乘）应使用中英文双语播报，辅助提示类信息、附加信息采用中文播报，表10-1例举了部分成都有轨电车车站广播及列车广播的内容。

表 10-1　有轨电车广播

序号	类别	类型	内容
1	服务指引广播	电扶梯	请握紧扶手，注意脚下，不要倚靠扶梯，不要看手机。Please be careful and mind your step
2	列车广播	始发站出站	乘客您好，欢迎乘坐**地铁A号线，本次列车终点站为B。列车运行中，请站稳扶牢。前方到站C，下车的乘客请提前做好准备。Welcome to ** Line A. This train is bound for B. The next station is C
3	应急广播	临时停车	各位乘客，现在是临时停车，请耐心等候，请勿随意触动车上设备，感谢您的合作。Dear passengers, this is only a temporary stop. Please do not operate any on-board equipment. Thank you for your cooperation

（二）导向管理

导向是指安装在车站公共区（含其附属建筑物）、列车客室内部的服务类、指引类、安全类、消防类等导向灯箱、标识标牌和安装在车站设备区通道的指引类标识标牌、站外路引。表10-2例举了成都有轨电车部分类型导向。

表 10-2 有轨电车导向

序号	类型	图片	序号	类型	图片
1	客运服务类标识	投币口	3	禁止警示类标识	
2	安全类标识		4	指引类标识	卫生间 Restrooms →

轨道交通导向标准应根据 GB/T 18547—2008《城市轨道交通客运服务标志》设置各地区轨道交通线网系统技术标准，轨道交通线网系统技术标准应提供各地区轨道交通标识系统设置与设计的一般性及通用性原则，应用于各自地区轨道交通整个线网中涉及轨道交通指引的标识。导向标准包含字体、颜色、图形符号、箭头符号、版面设计、版面内容类型等元素，改变以上任一元素即视为更改导向标准。原则上标准车站全部使用统一的导向标识，不进行补强标识的设置，涉及到特殊功能、特殊时间段、特殊点位、特殊建筑形式的车站，可根据现场实际进行设置。

四、票务管理

有轨电车票务管理主要内容包括票务政策管理、AFC 系统管理、核算对账等。

（一）票务政策管理

1. 票制票价

有轨电车可采用单一票制、里程计价制、计程限时制等票制形式。以成都现代有轨电车公司为例，采用 2 元一票制，一人一票，不设找零，下车后再次乘车需重新购票。车票分为实体车票及非实体车票两类。实体车票指用实体卡片制作的车票，包括现金、日票、普通卡、计次纪念票、学生卡、老年卡等。非实体车票指通过模拟实体车票的方式生成的电子车票，含各类应用（App）车票、近场通信（NFC）卡、智慧票务等。

2. 退　票

有轨电车因故不能正常运行时，乘客可持有效退票凭证免费乘坐一次有轨电车，或持有效凭证到指定退票地点办理全额退票，办理退票时，工作人员需记录乘客联系方式、受影响时间，并填写"乘客票务事务登记簿"，同时回收有效凭证。

（二）AFC系统管理

有轨电车自动售检票系统（AFC系统）是乘客体验有轨电车便利、快捷特点的重要窗口。主要包括票务中心系统、维修与培训中心、车站、列车等网络实体集合。票务中心系统与车站、列车内的终端设备构成上、下两层网络结构。

1. 票务中心系统

票务中心系统作为整个AFC系统的核心，将网络数据集中进行管理，并向各终端设备下达命令和发布运营参数。客运值班员、维保人员、网络管理人员将票务管理、运营管理、系统监控、网络管理、数据采集等工作站作为工作终端完成日常工作。

2. 终端设备

有轨电车终端设备由车站终端设备、电车车载设备、移动式终端设备组成，依据不同设备类型完成车票售卖、车票检验等功能。

以成都现代有轨电车公司为例，终端设备主要包括车站检票机、列车车载检票机、移动式检票机等。有人值守车站采用车站检票机，设置刷卡区、扫码区以及投币口，乘客在进入候车区时，需要先检票后进站，上车后无须再次检票。无人值守车站采用列车车载检票机，设置刷卡区、扫码区以及投币口，乘客先上车后检票。在大客流服务或重大活动保障服务中可使用移动式检票机,设置刷卡区和扫码区,乘客上车后无须再次检票,加快上下客效率。

（三）核算对账

1. 现金收入管理

按周期进行全线列车钱袋收取及清分,收取钱袋及清分至少由双人完成,并完成系统录入和票款加封,加封遵循"谁加封,谁负责"的原则。按照《打包返纳管理办法》流程定期与银行完成打包返纳工作。

2. 客流统计管理

调度指挥中心（OCC）利用控制中心设置的票务电脑系统每日查阅票务报表,进行客流、票务收入数据上报。

3. 第三方单位清算

第三方支付公司清算系统每日接收到有轨电车终端脱机消费数据文件后,进行入库处理,对每笔交易进行合法性校验,并判别可疑交易,在做批处理时生成对账文件传送给有轨电车清分系统,双方根据对账确认的交易生成对账报表,按旬报送至线网指挥中心汇总。

五、环境卫生管理

（一）车站卫生

有人值守车站客运值班员负责对车站内各区域进行卫生检查,发现问题及时处理,同时建立卫生档案,记录检查结果和处理情况。无人值守车站由客运专业、乘务专业及"两保"人员（保洁、保安）对车站各区域开展专项卫生检查,发现问题及时报分管保洁负责人及保洁主管立即整改。

1. 车站卫生打扫

有人值守车站每两小时完成一次全覆盖清扫,包括车站内地面、电扶梯、闸机、边门等公共设施,正线车站每四小时完成一次全覆盖清扫,包括地面、扶手、栏杆、站台门、广告灯箱等,确保车站干净整洁;轨行区、天花板、卫生间通风口等特殊场所或需登高作业的场所，每周在运营结束后清扫；卫生间设置专人，负责实时清洁和消毒工作，确保卫生间清洁与安全。

2. 车站垃圾清理

车站内设置垃圾桶及中转站，换乘站在工作日 07:00 前完成一次收取，早高峰 09:00 后再次完成一次收取，中途清洁作业时发现垃圾桶内垃圾超二分之一时及时动态收取。正线无人值守车站采取先重点站后非重点站顺序完成垃圾收取，每日 11:00 前、21:30 前完成两次垃圾回收，确保站台垃圾不过夜，若发现个别站台垃圾桶满，及时通知值班员，联系保洁主管进行收取。

（二）绿化养护及卫生

有轨电车绿化养护实施范围包含正线轨行区、箱式变电站周围及停车场范围内景观绿化的除草、培土、灌溉、施肥、除虫、修剪、补植、支撑固定、垃圾清理等养护管理工作，喷灌、取水末端设备（喷头、取水口、取水口箱）的维保工作以及正线护栏清洗。

绿化植物主要包括乔木、灌木、花箱植物以及草坪。其中乔木主要包括银杏、紫叶李等，灌木主要包括山茶、杜鹃、海桐、红叶继木、小叶女贞、蔷薇、金叶女贞、月季、红叶石楠、黄杨等，花箱植物主要包括三角梅、蔷薇等，草坪包括台湾二号、狗牙根等，养护要求按照行业标准进行。

第二节　客服班组管理

一、客运班组管理

（一）班组岗位设置及职责

客运班组设置客运专工、客运值班员、保安和保洁等岗位，各岗位各司其职，相互配合，以确保车站秩序井然以及乘客的安全和便利，班组岗位设置及职责如表 10-3 所示。

表 10-3　班组岗位设置及职责

序号	岗位名称	职责	携带备品
1	客运专工	负责车站及正线整体平稳、有序，负责现场客运突发事件应急响应	400 MHz 对讲机
2	值班员	负责车站当班工作人员作业监督、属地巡视、乘客事务、行车组织等整体工作，监控 CCTV，信息上报，负责成都西站、联工高架站、正线其他车站现场大客流组织工作	1.8 GHz、400 MHz 对讲机，服务记录仪，值班员应急钥匙一套
3	保安	负责巡查成都西站、联工站属地范围内列车异常情况，在岗期间维护责任区域范围内的综合治安情况，积极参与组织客流引导及协助处置应急事件及换乘大厅现场巡视	400 MHz 对讲机、腰包
4	保洁	负责换乘大厅、联工站、成都西站环境卫生打扫，在岗期间确保区域责任范围内的环境卫生质量达标，积极参与现场客流引导及协助处置应急事件	保洁用品

（二）班组岗位交接

1. 车站班组交班会

当班客运值班员 08:50 准时主持召开班组交班会，当日交班值班员、接班值班员（含跟岗）、保安队长、保洁经理等参会，班组级交班会时长在 10 min 以内，值班员需提前梳理当班安全预想、重点工作、学习文件等内容，整理学习文件的重点传达内容并对参会员工进行重点知识抽问，每次抽问覆盖参会全员，交班会结束后由参会的保安队长、保洁经理携带传达资料前往各岗位上开展会议内容传达及人员全覆盖抽问。

2. 交接原则

岗位交接须做到"五清"和"上不清下不接"。"五清"指环境清、备品清、故障清、任务清、命令清。

3. 岗位交接内容

车站岗位交接内容明细如表 10-4 所示。

表 10-4　车站岗位交接内容明细

岗位事项	值班员交接内容
备品	1. 清点钥匙、门禁卡； 2. 确认设备（1.8 GHz、400 MHz 等）音量、电量、频道； 3. CCTV 监控画面设置情况； 4. 清点客服中心遗失物品，与系统台账一致； 5. 确认备品物资齐全、状态良好，按照清单清点； 6. 其他
设备及故障信息	1. 车站设备设施及系统故障未修复情况。 2. 票务设备及系统故障未修复情况。 3. 客服中心生产电脑、窗口对讲设备、求助按钮功能情况及末端设备故障信息。 4. 电扶梯运行情况及末端设备故障信息
施工	施工计划完成情况及未请点、未销点等施工异常情况
重点工作	1. 重点交班事项。 2. 当班未完成事项。 3. 现场已采取的客运组织措施。 4. 预警、应急响应。 5. 临时重要通知。 6. 施工及施工安全预想

（三）有人值守车站巡视

1. 巡视种类

车站巡视分为日常巡视、消防巡视、防汛巡视三种，其中日常巡视包括房间巡视、施工巡视、治安联防巡查等。车站巡视采用现场巡视和视频巡视相结合的方式，在满足巡视要求的基础上，优先采用视频巡视，现场巡视包括车站属地范围及站外设施，视频巡视包括所有车站摄像头画面。

2. 巡视内容

1) 巡视重点区域

巡视重点区域包括换乘大厅属地范围、疏散通道、车站管理用房、车站施工现场等。

2) 日常巡视

日常巡视包括车站设备设施状态、客运组织情况、乘客状态、车站工作人员在岗状态、施工作业情况、天气状况等。每两小时完成一次巡视（视频巡视或现场巡视），一日内须完成四次现场巡视。

3) 消防巡视

消防巡视包括用火、用电有无违章情况，安全出口、疏散通道是否畅通，安全疏散指示标志、应急照明是否完好，消防设施、器材和消防安全标志是否在位、完整，常闭式防火门是否处于关闭状态，防火卷帘是否被遮挡影响使用，车站商铺有无违规施工、违规使用大负荷电器、违规用火、用气，车站公共区范围内的各类商业电器有无明显状态异常，消防安全重点部位的人员在岗情况及其他火灾隐患。消防巡视与日常巡视一同进行，车站动火作业时，车场调度应亲自或指派胜任人员至少每两小时巡视动火作业现场一次。

4) 防汛巡视

防汛巡视包括降雨情况，站内渗漏、积水情况，站外市政排水情况，近接工程接口部位渗漏、积水情况，防汛物资、设备状态等。降雨期间（无暴雨预警），巡视间隔不大于 120 mm；暴雨蓝色、黄色预警期间，巡视间隔不大于 90 mm；暴雨橙色预警期间，巡视间隔不大于 60 mm；暴雨红色预警期间，巡视间隔不大于 30 mm，巡查情况须记录到"防汛巡查记录表"。

（四）无人值守车站巡视

1. 日常巡视

（1）客运值班员、乘务专业、保洁、列车保安对正线无人值守车站环境卫生、秩序治安、设备设施状态进行日常及消防、防汛、应急巡视，发现异常情况及时上报。

（2）维保专业每半月对无人值守车站设备设施进行巡检和日常性维护，

确认设备设施的状态，保持设备良好性能。

（3）乘务专业对列车运行路线及周边情况进行监控，发现在有轨电车运行线路两侧各 100 m 范围内有危及有轨电车运行的异常情况，及时向 OCC 反馈，OCC 安排线路巡查员到现场进行查看及劝阻。

2. 施工巡视

（1）运营期间进行的施工，应安排专人定期巡视，发现违规作业应及时叫停，作业完毕后，监督施工单位清理现场。

（2）运营结束后进行的施工，施工负责人要进行一次全面巡视，确保站台区域无施工作业，施工物料及工器具未遗留站台，满足运营服务要求。

二、安保班组管理

（一）安保岗位设置及职责

1. 岗位设置

1）列车保安

（1）成立安保项目部，设置一名项目经理，两名大队长。

（2）每列车配置一名安保人员。

（3）每个调度点配置一名调度员。

2）车站保安

车站保安岗位应设置在关键区域，确保出入口、站台、通道安全。人员配备应根据车站规模、客流量等因素进行合理安排，确保有足够的保安人员应对突发事件。

2. 主要职责

1）列车保安

（1）引导乘客有序排队候车、购票，提供指引、问询服务，关注重点乘客并提供力所能及的帮助。

（2）对正线车站、列车卫生情况、设备设施状态进行日常及消防、防汛、应急巡视，发现异常情况及时上报。

（3）制止乘客违反相关条例与守则的行为，提醒乘客注意安全，坚持逢包注意、可疑必问、违禁拒载，严禁易燃易爆等违禁物品上车，维护站/车秩序。

（4）对各类突发应急事件进行初期处置，协助做好现场秩序维护，配合开展事故事件调查。

（5）开展票务稽查工作，指引乘客主动刷卡、投票，提醒免费乘车人群及使用老年卡、学生卡乘客主动出示证件，并进行检查。

（6）路口防护，劝阻社会车辆离开轨行区，引导列车通行，负责防汛及应急抢险等。

2）车站保安

（1）维护车站秩序，确保乘客安全。

（2）及时发现并处理异常情况，如打架斗殴、偷窃等。

（3）协助警方处理突发事件。

（4）定时开展车站巡视，确保车站设备设施完好，及时发现并处理安全隐患。

（5）使用"十字"文明用语，对站内违规拉客、躺卧、遮挡防汛设施、遮挡防火卷帘等现象进行劝导。

（二）安保的培训与监督检查

1. 培训验收

（1）结合安保现场实际，梳理安保人员针对液体查验、站台引导、大声喧哗、手机外放、座椅躺卧、车内进食、易燃易爆物品上车、免费乘车指引、乘客车内追逐打闹九大场景服务标准，以及八大投诉行为的培训资料，针对违禁品目录较多，免费乘车证件较为复杂的情况，印发安保人员必知必会文件，确保现场执行标准正确统一，八大投诉行为如下：

① 劝导不文明行为时与乘客发生争执；

② 对免费乘车规定和禁带品等判断错误；

③ 发现车站及列车内不文明行为未及时制止以及其他在岗不作为；

④ 未使用"十字"文明用语，说有辱乘客自尊心和人格的话；

⑤ 拾获遗失物品后未及时上交或未妥善保管；

⑥ 着工装在岗期间，在车站公共区域或列车上吸烟、饮食、占乘客座

椅、耍手机、睡觉、嬉戏打闹、说脏话、不讲卫生等行为；

⑦拒绝为乘客提供职责范围内的服务；

⑧与乘客交谈过程中有作弄、欺瞒、讥笑、斗气、训斥、顶撞、威胁、不文明谩骂乘客，态度强硬，语气恶劣。

（2）建立岗前验收机制，制定上岗评估清单，明确验收标准，通过场景培训，抽问等方式进行全员场景验收，每季度对不少于安保人员总数的10%进行验收，对验收不合格人员按合同进行考核。同时用好安保人员每月排名机制，提升安保人员积极性，实现安保人员良性循环。

2. 监督与检查

（1）建立"三位一体"乘客服务机制，每位车长对该车保安的精神面貌、作业标准、作业纪律进行全方位监督检查。

（2）针对一线安保作业人员劳动纪律及作业标准执行情况，专工、车队长和安保项目部共同制定检查清单，明确作业检查方式、检查次数、检查地点、检查时间，完成全覆盖检查，乘务专业发送至乘务检查群，安保专工每日进行收集，通知项目部跟进整改。

（3）采取视频+线下+模拟的方式，立体化进行监督检查，跟踪问题整改，形成长效机制。

第三节 客服服务流程

一、日常服务流程

（一）问询、查询服务流程

（1）在岗工作人员在接受乘客问询时应执行首问责任制原则，及时准确向乘客解答；若不属于本岗位职责范围内，应指引乘客拨打服务热线咨询或使用其他方式查询，使乘客问题得到有效解决或得到明确的指引。

（2）应通过服务热线、官方微信微博、App等渠道，为乘客提供问询或查询服务。

（二）票务工作服务流程

票务服务包括指引、监督乘客自行投币、刷卡、二维码领取发票等服务。在处理各类票务应急事项时票务人员均须填写"乘客票务事务处理单"（每笔事务填写一条记录），并注明事件详情。在列车上发生所有票务应急事件时，均须填写"应急情况票务信息统计表"，记录发生各种应急事件的日期、时间、原因，由车长负责填写，并在表格中备注发放致歉信数量及相关情况。

（三）末班车服务流程

（1）值班员（安保人员进行配合）在本站所在线路任意方向末班车到站前 10 min 到公共区开展服务，直到该方向末班车结束，确保末班车服务工作覆盖整个服务时段。

（2）若因车站班制原因，无法单独安排值班员至公共区进行末班车服务时，须安排保安人员到现场，确保进闸机关键点位有人员卡控。

（3）在本站最后一趟载客列车到站前 5 min，各岗位人员（含保安保洁）主动将末班车信息告知乘客。

（四）遗失物品服务流程

在列车上收到乘客寻找遗失物品帮助时，车长了解遗失物品种类、材质、颜色等关键信息，将详细信息报行调，行调根据遗失物品特征组织工作人员开展遗失物品排查，排查到遗失物品所在位置后告知车长，由车长告知乘客遗失物品位置。乘客电话或现场咨询失物时，不得泄露物品关键信息；现场领取时认真核对乘客身份证件及物品信息，按照《客运服务标准》要求记录领取人姓名、身份证号及联系方式后，方可交接。

（五）特殊乘客服务流程

（1）对老、弱、病、残、孕等特殊乘客，应提供必要的服务，帮助其顺利乘车。

（2）列车应设置无障碍设施设备，为特殊乘客提供方便，必要时应采取人工服务。

（3）发现走失的儿童、无人监护的智力障碍人员等无民事行为能力的乘客，工作人员应设法联系其监护人，若无法联系其监护人，应立即拨打110。

（4）当遇到乘客身体不适时，应提供必要的帮助或拨打急救电话。

（六）投诉服务流程

有轨电车投诉按照投诉渠道可分为现场投诉、服务热线投诉、网络理政市级以上投诉、文明地铁监督员投诉、信访件投诉等五类。投诉服务流程如图10-4所示。

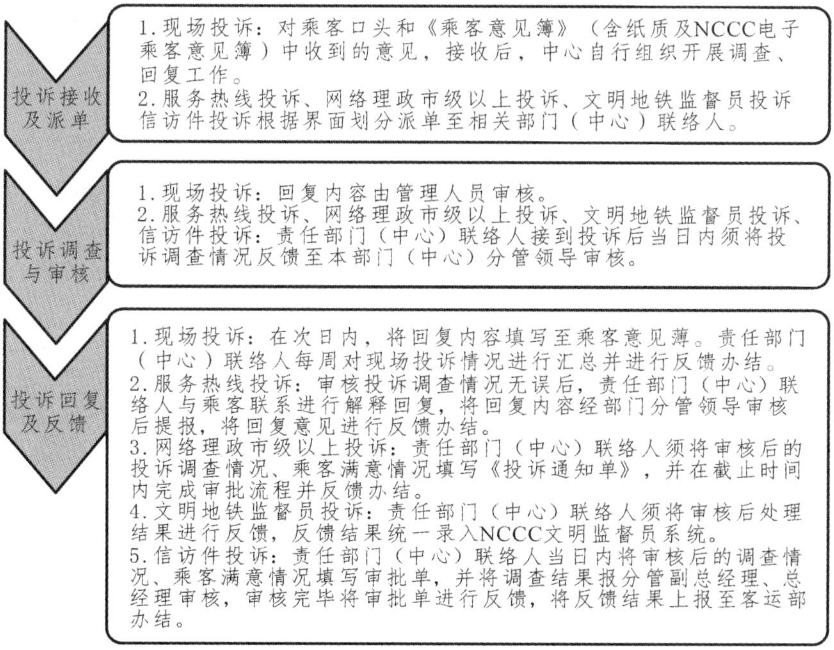

投诉接收及派单
1. 现场投诉：对乘客口头和《乘客意见簿》（含纸质及NCCC电子乘客意见簿）中收到的意见，接收后，中心自行组织开展调查、回复工作。
2. 服务热线投诉、网络理政市级以上投诉、文明地铁监督员投诉、信访件投诉根据界面划分派单至相关部门（中心）联络人。

投诉调查与审核
1. 现场投诉：回复内容由管理人员审核。
2. 服务热线投诉、网络理政市级以上投诉、文明地铁监督员投诉、信访件投诉：责任部门（中心）联络人接到投诉后当日内须将投诉调查情况反馈至本部门（中心）分管领导审核。

投诉回复及反馈
1. 现场投诉：在次日内，将回复内容填写至乘客意见簿。责任部门（中心）联络人每周对现场投诉情况进行汇总并进行反馈办结。
2. 服务热线投诉：审核投诉调查情况无误后，责任部门（中心）联络人与乘客联系进行解释回复，将回复内容经部门分管领导审核后提报，将回复意见进行反馈办结。
3. 网络理政市级以上投诉：责任部门（中心）联络人须将审核后的投诉调查情况、乘客满意情况填写《投诉通知单》，并在截止时间内完成审批流程并反馈办结。
4. 文明地铁监督员投诉：责任部门（中心）联络人须将审核后处理结果进行反馈，反馈结果统一录入NCCC文明监督员系统。
5. 信访件投诉：责任部门（中心）联络人当日内将审核后的调查情况、乘客满意情况填写审批单，并将调查结果报分管副总经理、总经理审核，审核完毕将审批单进行反馈，将反馈结果上报至客运部办结。

图10-4　有轨电车投诉服务流程

二、大客流服务流程

（一）大客流保障服务流程

大客流按是否可预见分为可预见性大客流及突发性大客流。可预见性大客流指早晚高峰客流、节假日大客流、大型集会客流、特殊时期大客流等。突发性大客流指因行车或客服设备故障造成运行秩序混乱,以及突发恶劣天气或突发事件导致大量乘客放弃其他交通工具等原因造成的非预见性大客流。按大客流发生的范围划分可分为局部大客流及区域大客流。局部大客流指个别车站单位时间内客流量达到或超过车站或图定列车运输能力限制。区域大客流指同一线路或不同线路多个车站客流量达到或超过车站或图定列车运输能力限制。

1. 大客流应急处置程序启动停止条件

大客流应急处置程序启动停止条件如表 10-5 所示。

表 10-5 大客流应急处置程序启动停止条件

控制级别	启动标准	取消标准
一级控制	车站站台候车人数较多,达到站台有效容纳面积的 2/3 以上	客流得到有效缓解,滞留人数明显减少,车站恢复正常客流组织
二级控制	有人值守车站站厅付费区乘客数量达到有效容纳面积的 2/3 以上;正线站台候车乘客约占站台有效面积的 100%,出入口通道内出现排队乘客	
三级控制	有人值守车站非付费区乘客数量达到有效容纳面积的 2/3 以上;正线站台候车乘客较多,已站满站台区域,且已有乘客在相邻社会人行道路上排队	

2. 大客流应急处置措施

1)一级控制

(1)调度指挥中心(OCC)通知值班员前往大客流车站后,值班员、跟车保安到达站台引导乘客在车门两侧候车,留出中间下车通道。

(2)对出站乘客进行分流、劝导下车的乘客尽快离站不要在站台区域逗留,加强对站台出入口通道处监控,防止乘客误入轨行区。

(3)在有人值守车站的付费区设置铁马,增加走行路径,并在付费区电扶梯准备一个铁马等待截流,保安厅巡岗在步梯下方,做好引导和截流。值班员通过 CCTV 观察客流情况,及时做好联控。

2）二级控制

相对于一级控制增加以下措施：

（1）值班专工接报启动二级客流控制后，组织向大客流站点运送伸缩栏杆、喊话器等物资。

（2）OCC更改所有上、下客区域使其均能进行乘降作业。

（3）增加路口保安使其在进出站通道处劝阻乘客，在相邻人行道路进行客流控制。

（4）列车满载率较低的列车到达本站时，OCC命令列车增加停站时间。

（5）对有人值守车站视情况进行扶梯改向客流组织，在闸机外摆放铁马，增加走行路径；在高架站将乘客截流在楼扶梯下，使乘客在站台下方排队进站。

3）三级控制

相对于二级控制增加以下措施：

（1）跟车保安在站台出入口通道处使用警戒带对进、出站乘客进行分流。

（2）路口保安在进出站通道处劝阻乘客在相邻人行道路进行客流控制，在候车区排满时引导后续乘客选择附近的其他交通工具。

（3）列车满载率较低的列车到达本站时，OCC令列车增加停站时间。列车满载率较高列车到达本站前，OCC视情况组织该列车跳停大客流站，并组织空车前往大客流站点载客。

（4）对有人值守车站在站外或进站口进行客流控制，摆放铁马，增加走行路径，组织乘客在站外排队进站。

（二）重大活动保障服务流程

（1）展会或重大节点期间，在重点车站的站台区域增加引导人员，通过站台手牌、广播接驳信息等方式做好乘客引导。

（2）重点时段期间，在接驳专线下车点增设候车区，做好客流控制。

（3）列车满载率较低的列车到达本站时，OCC令列车增加停站时间。列车满载率较高的列车到达本站前，OCC视情况组织该列车跳停重点站，并组织空车前往该重点站载客。

（4）当采取上述措施仍无法缓解正线重点车站客流压力时，OCC可视情况统筹采取变更交路、加开空车、越站等行车措施进行客流组织。

（5）组织小交路运行时，在小交路折返车站增设工作人员协助现场清客引导，同时在外置刷卡的车站增设引导人员，引导乘客先刷卡后上车。

三、应急事件处置

有人值守车站员工处理乘客事务时须 3 min 内到达现场，车队班组长对于正线突发应急事件 20 min 内到达现场，正线巡视岗值班员对于正线突发应急事件 30 min 内到达现场。

（一）车站、列车发生火灾事件

1. 车站发生火灾事件

有人值守站台起火发生应急情况的第一处置人为第一时间赶赴现场人员，了解现场情况汇报 OCC，值班员到现场做好客服工作，安保人员做好配合，OCC 组织专业人员到现场协助处置。无人值守站台发生火灾事件时，车长确认灾害情况，立即报送 OCC，若不影响行车，则缓慢通过着火位置。若影响行车，立即拉停列车，根据 OCC 命令退行至安全位置清客，或执行疏散程序。

2. 列车发生火灾事件

车长立即拉停列车，打开客室门及车门广播引导乘客进行疏散。

车长通过 CCTV 或前往现场观察灾害情况，立即报送 OCC，做好现场处置情况报送，根据应急处置需要与 119、110、120 等政府救援力量接洽，通知保安做好配合。

客运值班员赶赴现场做好客服工作，根据应急处置需要拨打 120，OCC 组织专业人员到现场协助处置。

（二）车站/正线线路发生洪涝灾害

1. 车站发生洪涝灾害

（1）有人值守车站洪涝灾害应急情况的第一处置人为第一时间赶赴现场人员，了解现场情况汇报 OCC，值班员组织车站各岗位力量到现场利用防洪挡板、防洪薄膜、沙袋、吸水膨胀袋等物资设置防线；调用便携式水泵等协助现场排水，现场设置必要的安全卡控措施。

（2）积水持续上涨有漫延至站内的风险时，值班员组织关闭该出入口，安排车站"两保"人员进行现场值守，为乘客提供解释说明，引导乘客从其他出入口进出站；车站多个出入口均不具备运营条件时，值班员立即组织关闭该站，并报送OCC，同步将相关信息告知接口单位。

2. 正线线路发生洪涝灾害

（1）因强降雨极端天气、内涝等造成轨行区积水，轨行区积水漫过轨面时，有轨电车禁止通过，组织区段停止运行。避险列车按行调通知在未积水路口或就近车站清客，发放致歉信，做好因道路积水不能通行的解释工作。

（2）停运区段车站含有人值守车站时，值班员组织站内乘客疏散至安全区域，并安排引导员、保安、保洁等在出入口拦截乘客进站；各岗位人员做好联控与互控，做好疏散过程中安全监控及乘客安抚工作，确保乘客疏散完毕，无人员遗留。

（3）OCC及时通过PIS、广播等渠道做好公众告知工作。

（三）车站/列车发生恐怖袭击或集体恐慌事件

车站/列车发生恐怖袭击或集体恐慌事件时，应急情况的第一处置人为车长或值班员，事发地车长、值班员向行车调度报告具体情况，行车调度通报各调度，电话报告110、119调度指挥中心。恐怖袭击或集体恐慌事件发生在正线及车站时，立即将车站乘客疏散到安全位置，不组织其他列车停靠该站；若恐怖袭击发生在列车内，列车立即停车开门疏散，疏散完成后下线，封锁列车停放地点；若恐怖袭击发生在其他位置，立即组织疏散人员，封锁现场。现场人员确认人员伤亡，线路、设备损毁等情况，并做好救治工作，视情况拨打120，维持现场秩序避免围观，OCC通过CCTV实时监控现场情况，视情况播放广播和发布PIS信息，做好公众告知工作。

参考文献

［1］饶咏，徐安雄. 城市轨道交通全自动运行线路运营指南[M]. 成都：西南交通大学出版社，2022.

［2］何霖. 城市轨道交通运营筹备与组织[M]. 北京：中国劳动社会保障出版社，2013.

［3］沈卫平，崔学忠. 城市轨道交通综合联调组织与实践[M]. 北京：人民交通出版社，2016.

［4］中华人民共和国住房和城乡建设部. 低地板有轨电车车辆通用技术条件：CJ/T 417—2022[S]. 北京：中国计划出版社.

［5］王梅. 我国现代有轨电车发展的现状、趋势与思考[J]. 交通与港航，2017，4（1）：14.

［6］程栋梁，王帮焱. 我国现代有轨电车工程管理发展、特点及主要内容浅议[J]. 技术与市场，2017（5）：284-286.

［7］董皓，黄远春，马永红. 有轨电车运营组织[M]. 北京：中国铁道出版社，2022.

［8］过秀成. 现代有轨电车交通线网规划与运行组织方法[M]. 南京东南大学出版社：2021.

［9］程樱，刘静之，荆毅，等. 关于有轨电车设计规划和工程实践的发展与思考[J]. 中国市政工程，2023（5）：11-15，115-116.

［10］马强，梁菁，吴斐琼. 有轨电车发展规划反思与应用展望[J]. 城市交通，2023，21（5）：46-57，84.

［11］周传金，廖恒，庞巨. 有轨电车司机标准化培训工作方法探索与实践[J]. 中国培训，2023（7）：70-72.

［12］雷佳祺，张里昂，杨鑫江. 北京有轨电车生产运营管理系统的应用与实践[J]. 城市公共交通，2023（7）：56-61.

[13] 葛青，陈欣. 基于协调等级的多场景有轨电车控制[J]. 城市建设理论研究（电子版），2023（15）：91-93.

[14] 杨志成，黄宗志. 有轨电车网络化运营设计方法[J]. 城市轨道交通研究，2023，26（5）：119-123，127.

[15] 李大维. 大数据技术在有轨电车管理中的应用探讨[J]. 城市公共交通，2023（4）：44-46，52.

[16] 王玮，戴月琳，王喆. 成都有轨电车蓉2号线儿童友好型站区环境概念性设计[J]. 城市轨道交通研究，2023，26（1）：110-115，121.

[17] 孙继峰，陆健，江莉，等. 嘉兴市有轨电车运营服务指标体系研究[J]. 城市轨道交通研究，2022（S1）：55-58.

[18] 张灿明. 有轨电车综合联调的组织和实施[J]. 城市轨道交通研究，2022（S1）：90-93.

[19] 孙继峰，陆健，江莉，等. 嘉兴市有轨电车运营服务指标体系研究[J]. 城市轨道交通研究，2022（S1）：55-58.

[20] 张华志，付程成，肖壮，等. 超级电容有轨电车节能驾驶方法研究[J]. 机车电传动，2022（5）：123-128.

[21] 金建飞，徐正良，何利英，等. 有轨电车资产全生命周期管理系统设计[J]. 城市轨道交通研究，2022，25（9）：213-217.

[22] 由恒远，晋崇奇，徐吉可，等. 有轨电车供电联调的探讨[J]. 机电工程技术，2022，51（2）：192-194.

[23] 何利英，沈继强. 低地板有轨电车线路轨面积水的停运条件研究[J]. 城市轨道交通研究，2021，24（S2）：98-101.

[24] 付海龙. 有轨电车驾驶员培训工作的分析与建议[J]. 城市公共交通，2021（6）：49-53.

[25] 黎冬平. 有轨电车在多层次轨道交通中的应用思考[J]. 城市轨道交通，2021（6）：43-45.

[26] 何利英. 城市有轨电车安全综合技术研究[J]. 城市轨道交通，2021（6）：36-39.

[27] 刘杰，赵学举. 多专业融合下有轨电车调度系统设计与应用[J]. 自动化应用，2021（4）：1-3，6.

[28] 邴雪，张玉一，王英杰，等. 基于功能定位的有轨电车运营提升策略研

究[J]. 交通工程, 2020, 20 (6): 69-74.

[29] 高硕遥, 陈维亚, 王子超. 有轨电车服务质量评价方法[J]. 城市轨道交通研究, 2020, 23 (S1): 132-136.

[30] 崔诚靓. 有轨电车与道路交通系统的衔接问题及应对措施[J]. 城市轨道交通研究, 2020, 23 (S1): 67-70.

[31] 王成. 有轨电车网络运营时间效益评价方法[J]. 城市轨道交通研究, 2020, 23 (S1): 128-131.

[32] 秦舒. 有轨电车维保模式比较分析[J]. 城市轨道交通研究, 2020, 23 (S1): 116-119.

[33] 陈春戎, 王玮, 王喆. 现代有轨电车交通绿化的借鉴启示与设计建议[J]. 设计, 2020, 33 (14): 142-145.

[34] 钱卫东. 有轨电车客运组织安全及控制管理研究[J]. 人民公交, 2020 (7): 75-77.

[35] 周旋, 杨辉. 国内低地板车辆的发展现状及趋势[J]. 机车车辆工艺, 2020 (3): 13-15.

[36] 陈维荣, 刘禹贝, 戴朝华, 等. 有轨电车典型行驶工况的构建[J]. 西南交通大学学报, 2020, 55 (6): 1141-1146, 1190.

[37] 张强, 丁波, 黄雅琴, 等. 现代有轨电车驾驶员培训标准化探究[J]. 中国标准化, 2020 (4): 92-95.

[38] 李睿. 基于有轨电车乘务行车运营中标准化作业的应用[J]. 科技风, 2020 (6): 247.

[39] 马宁. 探究有轨电车乘务组织的优化与运用[J]. 科技风, 2020 (6): 249.

[40] 叶新. 基于有轨电车运营乘务安全信息化管理研究[J]. 科技风, 2020 (5): 240.

[41] 陈海伟, 巫瑶敏. 我国有轨电车发展的总结、反思与迈进[J]. 交通与港航, 2019, 6 (5): 68-74.

[42] 刘娜, 邵峰, 方齐蔓. 有轨电车综合指挥调度系统中列车运行的控制与监视[J]. 都市快轨交通, 2019, 32 (4): 138-142.

[43] 宋嘉雯. 有轨电车项目建设规模影响因素与指标研究[J]. 都市快轨交通, 2019, 32 (4): 132-137.

[44] 叶凯鑫. 对现代有轨电车驾驶员培训探究[J]. 科技风, 2019 (1): 48.

[45] 李琤. 探讨有轨电车企业的班组安全标准化建设[J]. 现代国企研究, 2018（16）: 31.

[46] 罗文. 有轨电车运营管理模式分析探讨[J]. 居舍, 2018（23）: 221.

[47] 张峰. 低地板有轨电车的发展策略与价值探索[J]. 装备机械, 2018（2）: 22-24, 38.

[48] 陈莹. 现代有轨电车施工管理要点的探索[J]. 城市建设理论研究（电子版）, 2018（6）: 145-146.

[49] 马任, 陈晔宽. 现代有轨电车的运营维护管理探讨——以淮安现代有轨项目为例[J]. 交通与港航, 2017（1）: 31-35.

[50] 陈维亚, 巩宇鹏, 陈治亚, 等. 现代有轨电车与常规公交运营组织协调策略[J]. 铁道科学与工程学报, 2018, 15（4）: 9.

[51] 彭庆艳. 中国大陆现代有轨电车运营实证研究[J]. 城市轨道交通研究, 2019（S1）: 118-122.

[52] 陈睿颖. 淮安有轨电车运维现状与思考[J]. 交通与运输, 2018（3）: 47-48.